创新零起点

邵长松 主编

U0914209

山东大学出版社

图书在版编目(CIP)数据

创新零起点/邵长松主编. —济南:山东大学出版社,2018.11

ISBN 978-7-5607-6241-8

Ⅰ.①创… Ⅱ.①邵… Ⅲ.①创造教育—中学—教材 Ⅳ.①G632.0

中国版本图书馆CIP数据核字(2018)第284116号

责任编辑 姜 山

封面设计 张 荔

出版发行 山东大学出版社

社 址 山东省济南市山大南路20号

邮 编 250100

电 话 市场部(0531)88363008

经 销 新华书店

印 刷 济南华林彩印有限公司

规 格 787毫米×1092毫米 1/16

11.25印张 220千字

版 次 2018年12月第1版

印 次 2018年12月第1次

定 价 40.00元

版权所有,盗印必究

凡购本书,如有缺页、倒页、脱页,由本社营销部负责调换

《创新零起点》编委会

主　编　邵长松

副主编　李家亮

编　委　种　珊　杜守文　范建杰　高凤云　李家涛
穆洪举　高　玮　张志明　赫明惠　高　伟
李珊珊　王彦钧　徐　优

前　言

科技是国家强盛之基，创新是民族进步之魂。党的十八大以来，习近平总书记把创新摆在国家发展全局的核心位置，深刻、系统地阐述了“科技创新是核心，抓住了科技创新就抓住了牵动我国发展全局的牛鼻子”的重要论断。由此可见，科技创新是实现中华民族伟大复兴的必经之路。

人才成就未来，教育成就梦想。人才和人力是国家最大的资源，今天培养的人才将是实现第二个百年奋斗目标的主力军，教育必须承担起实现中华民族伟大复兴的中国梦赋予的重大历史使命。要想创新，必须加大创新人才的培养力度。“少年兴则国兴，少年强则国强”，青少年学生是科技创新的后备人才，是国家未来复兴的坚强后盾。为适应新的发展形势，培育更多的创新型人才，我校审时度势，投入巨资，成立了学生综合发展指导中心，为创新型人才的教育和发展提供了有力的物质保障和技术保障，搭建了一个强大的科技创新教育平台。同时，我们在科技创新教育教学方面进行了一系列积极的探索与尝试，不仅认真组织有创新能力的学生参加全国青少年科技创新大赛、中国青少年机器人大赛、世界机器人大赛、中小学生电脑制作大赛等比赛，还组织部分教师编写《创新零起点》等科技创新校本教材。旨在面向学校全体学生进行科学知识的普及、科学兴趣的激发、创新精神的培养，开拓学生思维，拓宽学生视野，挖掘学生潜力，提高学生动手能力，让所有学生有机会参与科技创新活动。把学生对科技创新的积极性、创造性激发出来，在全校形成良好的学科学、讲科学、爱科学、用科学、做科学的氛围。

本书主要介绍了创新思维和创造技法的内容。创新思维部分主要介绍了创新思维的含义及如何打破思维定势的枷锁，从思维方法的角度介绍了逻辑思维、形象思维、发散思维和收敛思维、两面神思维、辩证思维、右脑思维和灵感思维等思维方式，旨在让同学们了解思维方式的同时，学会多角度考虑问题，并能够养成创新思维的习惯，打破思维定势，改变传统的思维模式。创造技法部分系统地阐述了几种常见的创造技法——移植创新法、组合创新法、列举法、头脑风暴法。这些创造技法不仅给同学们在进行创新设计、创造发明时提供了一些具体实用的方法，更主要的是启发同学们能够学以致用，举一反三，触类旁通，在创新发明设计中熟练运用。

本教材有以下特点：

第一，实践性。教材把培养学生的主体意识、合作意识、创新意识和动手能力、交往能力、收集处理信息的能力、发现与解决问题的能力作为重点，强调学生应在活动中学，注重直接体验和经验积累。

第二，探索性。我们以培养学生的创新精神和实践能力为核心理念，围绕问题或任务安排学习内容和学习活动，学生通过自己的思考、操作以及与同伴的讨论去解决问题，对于答案学生言之有理、操作有据即可，没有整齐划一的答案。

第三，趣味性。教材栏目设置既有有趣的游戏，也有脑洞大开的案例，将枯燥的理论融入灵活的案例中。正所谓“知之者不如好之者，好之者不如乐之者”。

第四，主体性。青年学生才是锐意进取、开拓创新的时代先锋。教材的组织与学习活动的安排都以学生为主体，给学生的主动参与留下一些空间、创造一些条件，让学生在老师的指导下提出问题、收集材料、操作思考、作出结论或提交作品。

科技素养是中小学应有的核心素养，以科技教育为载体推进学校特色品牌建设，是进一步优化素质教育的新途径。科技教育特色品牌的形成，是一个长期探索、逐步积累的过程，希望本课程的开发能推进科技教育校本化、常规化、普及化、特色化、品牌化。

科技创新校本教材《创新零起点》，凝结着编辑老师的心血和智慧，承载着学校的期望与希冀，希望它能点燃同学们的创造热情，激发他们的创新动力，成就他们的辉煌未来！

编　者

2018年8月

目　录

规划构想篇

创新思维篇

创造技法篇

规划构想篇 ▶▶▶

引 言

目前，世界多极化、经济全球化、文化多样化、社会信息化深入发展，新一轮科技革命和产业变革蓄势待发，互联网、云计算、大数据、人工智能、3D打印等现代技术深刻改变着人类的思维、生产、生活和学习方式，国际竞争日趋激烈。人才成就未来，教育成就梦想。人才和人力是国家最大的资源，今天培养的人才将是实现第二个百年奋斗目标的主力军，教育必须承担起实现中华民族伟大复兴中国梦赋予的历史使命。

教育要从中小学做起，树立多样化人才观念，尊重个人选择，鼓励个性发展；注重激发学生学习兴趣、科学兴趣和创新意识，加强科学方法的训练，逐步培养学生逻辑思维与辩证思维的能力。教育要树立系统培养观念，推进小学、中学、大学有机衔接，教学、科研、实践紧密结合，学校、家庭、社会密切配合，加强学校之间、校企之间、学校与科研机构之间合作以及中外合作等多种联合培养方式。学校要充分利用各类教育资源，加强对学生科学素养、人文素养、信息素养和创新能力的培养。

注重学思结合。倡导启发式、探究式、讨论式、参与式教学，帮助学生学会学习。激发学生的好奇心，培养学生的兴趣爱好，营造独立思考、自由探索、勇于创新的良好环境。

注重因材施教。关注学生的不同特点和个性差异，发展每一个学生的优势潜能。

注重知行统一。坚持教育教学与生产劳动、社会实践相结合。开发实践课程和活动课程，增强学生科学实验、生产实习和技能实训的成效。充分利用社会教育资源，开展各种课外及校外活动。加强中小学校外活动场所建设，加强学生社团组织指导，鼓励学生积极参与志愿服务和公益事业。

第一章　卧龙学校科技与社会实践教育整体规划

第一节　“金字塔”培养模式及“十字坐标”发展理念

一、“金字塔”培养模式

按照学生能力发展、个人兴趣的不同，卧龙学校科技教育采用“金字塔”培养模式。“金字塔”体系共分为三层，即塔基（基础层）、塔腰（中间层）、塔尖（尖端层），如图1－1所示。

1. 塔基部分

针对全体学生：学校开设科技、艺术创新校本课程，资源覆盖学校全体师生，重在科学知识的普及、科学兴趣的激发和创新精神的培养，开拓学生思维，拓宽学生视野，挖掘学生潜力，提高学生动手能力。

2. 塔腰部分

针对学有专长的学生：进行社团化、兴趣化培养，重在培养学生深入学习科学思维及方法的习惯，发掘学生各方面能力，引导学生找到最适合自己的专业发展方向，并在此专业方向上有创新成果。同时通过小规模的特色培养及科技社团活动，选拔出优秀人才，实施进一步的培养。

3. 塔尖部分

针对拔尖人才：联合高校利用高端资源集中对其进行更专业的尖端化培养，重在培养学生的科学态度及创新意识，达到创新人才培养的目的。

“金字塔”体系教育具有覆盖面广、因地制宜、集中培养的众多优势，是中小学阶段最适合的科学实践教育体系。

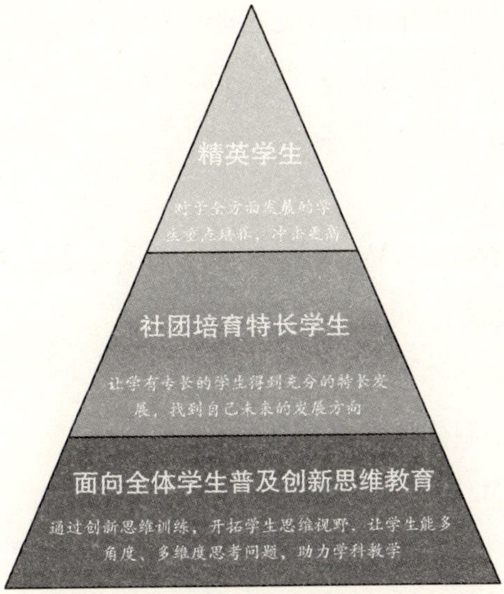

图 1－1 “金字塔”培养模式

二、“十字坐标”发展理念

学生都是独立的个体，受年龄、阅历、背景等因素影响，每一位学生的科学人文素养程度均不同。学校在“金字塔”教育体系的基础之上对每一位同学进行广泛的横向科学技术与人文领域的普及，并且在普及的过程中帮助学生筛选适合自己的学科，从纵向深度发掘自身潜力，如图 1－2 所示。

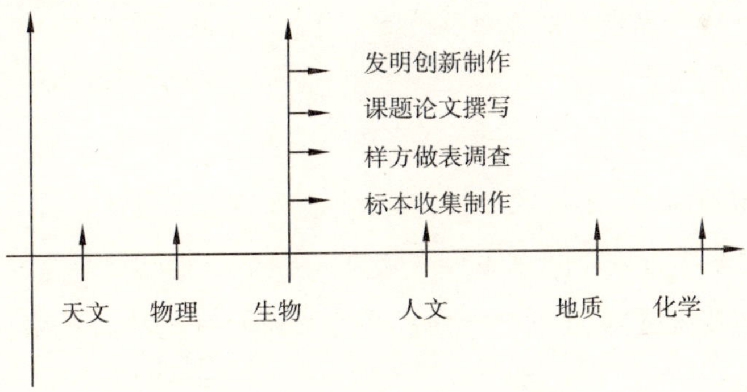

图 1－2 “十字坐标”发展理念

第二节 校本课程

一、已有校本课程

创新零起点：从创新思维的启发和创造技法的培养两方面对全体学生进行启发式教

育，引导学生多角度、多维度地针对已有问题进行发散思维，找到解决问题的办法。

科学与探索：原中国科技馆馆长王瑜生题词的针对全体学生的校办报纸，主要有科技教育宣传、作品展示、通知发放、学术交流等功能。由在校学生团队编辑，学校审核后出版。

二、计划开发的校本课程

1. 机器人教育与竞赛教程

主要有：(1)基于开源硬件 Arduino 的机器人开发

(2)基于电子制作学习的 PVC 机器人开发

(3)基于 STM32 的竞赛机器人开发

(4)VEX 机器人系列教程

2. 基于 IntoRobot 单片机的物联网教程

3. 基于 Arduino 的智能农业种植系统开发

4. 基于 IntoRobot 的微生物培育系统

5. 3D 打印与创客制作

6. 基于 3DOne 的二维激光切割创客制作

7. 艺术系列

(1)烙画校本课程

(2)航模制作校本课程

(3)陶艺与软陶校本课程

(4)木雕艺术

(5)玉石鉴定与加工

8. 人文类课程

(1)沂蒙红色传统教育

(2)诸葛亮文化研究

三、开课计划

1. 七年级

七年级学生刚刚脱离小学教育，知识水平有限，但思维灵活。施以大班化教学，开展创新思维与创造技法训练，教材以《创新零起点》为主，辅以报纸《科学与探索》展示学习成果、宣传科技教育、普及科学知识，同时以选课走班的形式开设“三模一电”、陶艺、软陶选修课。

2. 八年级

八年级学生开始接触物理、化学、生物知识，对常见的科学内容有独立的认识；从心理发展来看正是对各种事物感兴趣的阶段，极易通过实践活动找到自己的兴趣点，上学期可开设 3D 设计与打印、烙画等课程，下学期可开设多媒体影像制作、木工加工等课程。

3. 九年级

九年级学生知识比较全面，知识水平比较高，但升学压力比较大。校本课程适宜在上学期进行，主要开设电子制作、开源硬件、PVC 机器人等选修课。

4. 高一、高二年级

通过通用技术课程渗透创新思维、创造技法、产品设计流程等内容，鼓励学生独立思考，每人必须开发一件科技作品。以社团的形式选择学习电子制作、开源硬件、竞赛机器人培训、物联网技术等，同时穿插一些人文类课程。

第三节　卧龙学校创客空间功能室设置

新的总部办公楼未建好之前，现有的总部办公楼各楼层分布如下：

负一楼：以通用技术实验室（高配）为主的数控加工中心

一楼：校园科技馆

二楼：3D 设计创作机房（东侧）+3D 打印实验室（西侧）+创作讨论室（中间）+作品展示（走廊）

三楼：办公区

四楼：办公区

五楼：机器人竞赛培训中心+档案室

六楼：电子教学实验室（东侧）+开源硬件实验室（西侧）+物联网设计中心（北面）+作品展示

七楼：AR/VR 虚拟现实实验室+4D 小型教学影院

八楼：生涯规划指导+心理咨询（东侧）+烙画、剪纸、陶艺、软陶（西北侧）

楼两侧：智慧农业种植系统

楼宇控制：智慧能源控制与智能网络门禁系统

一楼大厅：声光电智慧展厅

楼顶：天文观测与气象系统

第四节　校内拓展竞赛活动

一、以学科为主的拓展活动

鼓励和引导学生走出课堂，进行开放性科学实践活动，努力倡导学生在“玩中学，做中学”。实践活动以学科教研组为中心，由任课教师研制开放性科学人文实践活动主题，为学生提供丰富的体验、合作、探究类的学习活动，由学生自主选择。如物理科学实践、化学科学实践、生物科学实践、疯狂实验室、Sketchup 建筑设计、社会发展与国家二胎政策、岱崮地貌研究、沂蒙红色文化探究、诸葛亮科技才能研究等。

二、以创客为主的校内竞赛

鼓励学生参加以创客实验室为主的各类科技竞赛活动，营造全校创新氛围，指导、督促学生及时完成作品，参加各级各类竞赛，如科技发明制作、科技创意、科技小论文、机器人组装竞赛、机器人巡线竞赛、机器人格斗大赛、纸飞机竞赛、科学微电影、桥梁设计竞赛（纸质或木条）、逆风小车结构设计、鸡蛋撞地球、竞速小车等。

三、与高校机构共建创新教育实验室

“创新教育实验室”是面向中学生的课题研究性学习平台，是中国高等教育学会学习科学研究分会与中芬联合学习创新研究院研究的交流和成果应用平台，培养环节包含专业方向规划、项目学习实践、自主课题研究、成果发表参赛四个阶段（见图 1－3），旨在培养具有明确的专业认知和发展规划、超前的学科基础和实践能力、良好的科研素养和创新精神的优秀高中生，为国内重点中学提供创新教育的模式和资源、为国内知名大学培养符合选拔标准的拔尖创新人才。

1. 搭建学生自主科研平台

（1）平台定位：以在线学习的方式，为每个学生提供专业规划、基础知识学习、创新能力培养和论文写作指导课程，全过程、规范化地指导学生完成自己的科研成果，帮助学校最终实现“人人有课题、个个会创新”。

（2）课程内容：共分为四个阶段，学生全程在线学习时长约 20 小时，提供从基础知识学习到论文发表参赛全过程的知识讲解和能力培养，也可以根据需求提供更深入、个性化的指导服务。

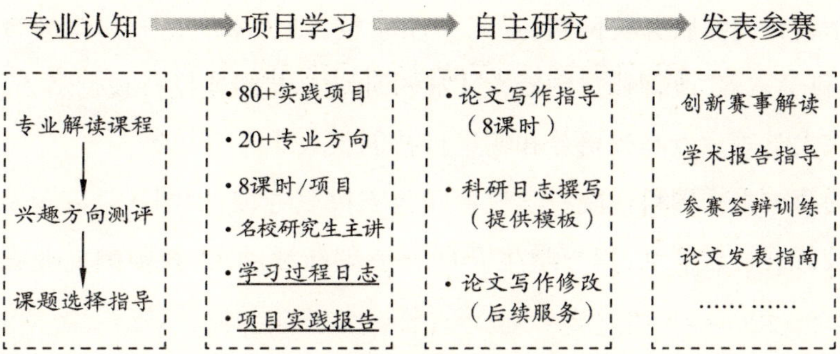

图 1－3　创新教育实验室

2. 学习模式

整套学习流程以“直播＋录播＋能力测试＋在线答疑＋自主科研”的方式进行，课程辅以作业和授课资料，研究过程提供研究报告和论文模板。全力打造在线创新学习共同体，方便学生进行创新知识的吸收和掌握，同时可以有效地支持学生进行自主研究和探索。

3. 学员收获

(1)面向高考的专业体验，明确自己的专业发展方向。

(2)面向升学的研究成果，论文可用于个人发表或参加创新竞赛。

(3)面向未来的能力提升，积累专业知识并掌握科研方法。

4. 学员成果

(1)创新学习日志。

(2)创新研究报告。

(3)学习过程认定报告。

(4)创新实验室学习认证证书。

(5)学术论文发表或参加科技创新大赛获奖证书(明小、科创、登峰杯等都可参赛)。

四、科教资源进校园

1. 大师级专家讲座

(1)中国科学院：中国科学院科学教育联盟是在中国科学院科学传播局领导下，由中国科学院行政管理局依托各分院、联动中国科学院院内外有关单位及院外相关行业机构，有效推动科学教育理论研究、指导与开展相关活动的专门性组织，依托“科教联盟”科研院所成员单位，为“科学教育支撑服务校”提供高端科学教育资源；依托“科教联盟”合作基金会，为“科学教育支撑服务校”设立单独管理的科学教育专项基金；依托“科教联盟”执行单位，为“科学教育支撑服务校”提供体系化、个性化、公益性的科学教育支撑服务。通过科学教育支撑服务校网络，进入中小学校，助力学校提升科学教育硬件建设水平，提升师生科学素养，改善科技创新人才成长环境。共同建设科技创新人才培养基地，为中国科学院大学等重点高校培养和输送科技创新人才。

我校作为第一批中国科学院科学教育联盟支撑服务校，中国科学院免费为我们提供部分专家入校开展科教活动，指导学生开展科技创新活动，为教师的专业发展提供定期离岗培训。

(2)中国科学技术协会：中国科学技术协会系统每年都有科普专家团入校开展各种科普讲座，我校作为山东省青辅协会员单位，每年可以申请相关专家来校开设讲座。

(3)自己联系：面向本地各行业邀请行业研究专家入校为广大学子普及行业知识，分析行业动态，解读行业变化，为学生的未来职业发展奠定基础；邀请往届成功学子回母校作励志、行业发展等报告。

2. 科技大篷车

(1)中国科学技术协会系统：中国科学技术协会系统在市、省、全国三级均有科技大篷车入校园的活动，我校作为山东省青辅协会员单位，每年可以申请科技大篷车进校园活动。

(2)中国科学院：中国科学院为联盟服务支撑校免费提供各类科普资源，供学生短期参观、操作、体验，让学生对科技知识有更深的理解。

(3)第三合作方：有部分科技公司为提高影响力，自己制作了一些科技大篷车，可通过合作或者租赁的形式让这些专业大篷车进校园开展科普活动。

第五节　校外科技实践活动

参与社会实践，是提高学生社会责任感和锻炼实践技能的重要途径。多年来，学校一直鼓励学生积极贴近基层，贴近群众，贴近实际，深入社会，了解国情，不断提升责任感和使命感，真正做到学习书本知识与投身社会实践相统一。为更好地开展相关活动，特制定如下规程：

一、活动形式

校外科技实践活动的形式主要有社会调查、社区服务、勤工俭学、科技文化活动、生产实习、公益活动、军事训练、体能拓展、志愿者活动等。

二、管理方式

1. 学校管理

学校集中联系社会实践基地，统筹安排社会实践课程，发放“中学生社会实践活动记录表”。每次活动完毕，都由班主任根据学生实践材料进行鉴定打分，记入学生综合素质发展报告。

2. 年级管理

年级教务处要根据本年级学生特点，按照学校安排，精心组织和安排学生参加各类实践活动等。

3. 班主任管理

班主任应组织好各种活动，活动中要高度重视安全工作，每次外出活动都应事先与家长委员会沟通，做好申报与协商，经批准后方可组织。活动中应贯彻环保和安全意识。活动后应留下资料（摄影、小结、心得体会等），负责写好学生参加社会实践活动的鉴定。

4. 学生管理

首先，针对不同活动可能出现的安全问题，班主任与家长委员会要及时做好预案，通知学生要注意的事项。其次，学生是活动的主体、设计者、实践者、体验者、被发展对象和被评价者，要充分发挥其主观能动性、创造性，进行自主实践，主动探究。根据活动生成的实际情况，及时调整活动方案，使实践活动更切实际、更加流畅。最后，在活动时要撰写活动日记，及时收集活动资料。要把开展活动的情况和个人的真实体验及时地记载下来，为以后进行总结研究和评价提供依据；要制作档案袋，将活动中所获资料及时放入，以保留珍贵的第一手资料；组内成员和各个活动小组之间要及时交流，取长补短，资源共享。

5. 家长管理

作为家长委员会的一员，很可能是本次活动的发起者和组织者。家长要有担当，要勇于负起管理学生的责任，不要将所有问题都推给教师和学校。

三、安全保障

（1）学校组织活动，应与第三方（如旅游公司、车辆租赁公司等）签署安全协议，减少学校安全负担。所有由教师、年级组织的外出活动必须使用第三方协议用车或食宿。

（2）家长委员会自行组织相关实践活动，学校仅出方案或指导教师，所有安全问题由家委会负责。

四、基地建设

目前，我校学生正在一些单位进行过实践，急需与这些单位签协议挂牌，以便它们对我校学生免费开放。

1. 企业

苏村镇林海花田、绿源电动车有限公司、沂南县三河食用菌种植合作社、山东青果食品有限公司、沂南天河康复医院。

2. 公益单位与组织

沂南县蒲汪镇敬老院、沂南县孙祖镇敬老院、沂南县界湖镇敬老院、沂南县蒲公英青年志愿者协会。

3. 红色教育基地

沂蒙红嫂纪念馆、青驼镇战工会纪念馆、孟良崮战役纪念馆、沂蒙红色影视基地。

4. 本地特色

诸葛亮公园、北寨汉墓、竹泉村、马泉村。

五、专家引领

目前，我校已经与中国科学院、山东大学、华东理工大学、东北大学、南京大学等国内一流高校和科研院所建立长期合作关系，随时可以邀请相关领域专家到校指导。

创新思维篇 ▸▸▸

第二章　创新思维

第一节　创新思维概述

奇思妙想

王爷爷有三个孙子，一天他赶集时，想给三个孙子一人买一个西瓜，但是卖水果的地方只有两个西瓜了，而且这两个西瓜大小差不多，不好平均分。王爷爷心想，先买回去再说。你能帮王爷爷解决这个问题吗？

一、创新思维的特性

创新思维是指引发出创新性设想的思维形式，主要是指非逻辑思维。其基本特性如图2－1所示。

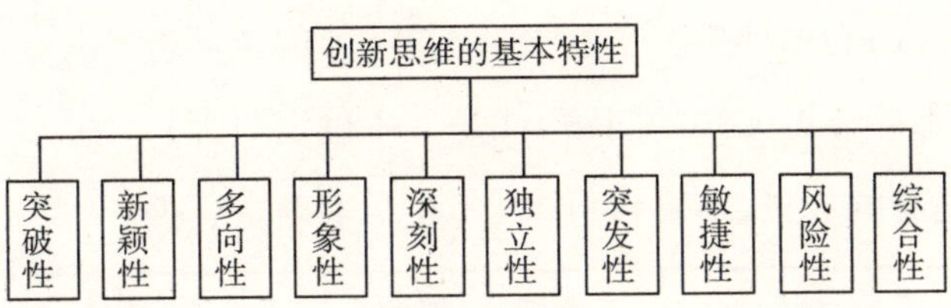

图2－1　创新思维的基本特性

二、创新思维的本质

创新思维的本质即各种不同思维形式的对立统一，即辩证思维。

三、创新思维图片欣赏

图2－2给出了一些创新思维图片。

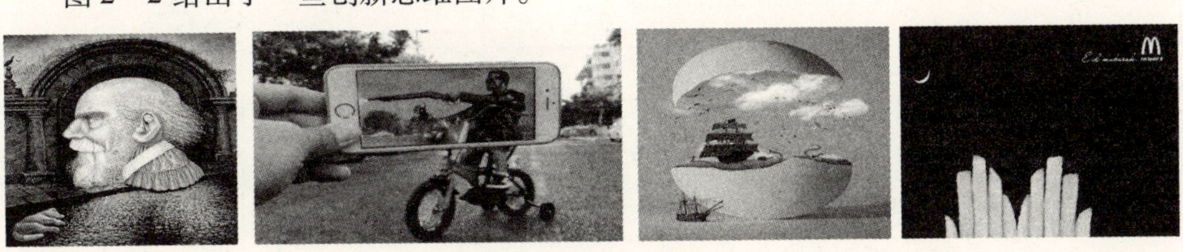

图2－2　创新思维图片

第二节　小测试：你具备创新思维吗

创新思维能够推动社会发展，促进社会进步，每个人肯定都想知道自己的创新思维能力如何，下面这些题目可以测试你的创新思维能力。在回答时，要凭自己的第一感觉。假如比较符合自己的情况，就回答“是”，不符合的情况回答“否”，拿不准的就回答“不确定”。

1. 你认为那些使用古怪和生僻词语的作家，纯粹是为了炫耀。（是　不确定　否）

2. 无论什么问题，要让你产生兴趣，总比让别人产生兴趣要困难得多。（是　不确定　否）

3. 对那些经常做没把握事情的人，你不看好他们。（是　不确定　否）

4. 你常常凭直觉来判断问题的正确与错误。（是　不确定　否）

5. 你善于分析问题，但不擅长对分析结果进行综合、提炼。（是　不确定　否）

6. 你审美能力较强。（是　不确定　否）

7. 你的兴趣在于不断提出新的建议，而不在于说服别人去接受这些建议。（是　不确定　否）

8. 你喜欢那些一门心思埋头苦干的人。（是　不确定　否）

9. 你不喜欢提那些显得无知的问题。（是　不确定　否）

10. 你做事总是有的放矢，不盲目行事。（是　不确定　否）

题　号	“是”评分	“不确定”评分	“否”评分	得　分
1	-1	0	2	
2	0	1	4	
3	0	1	2	
4	4	0	-2	
5	-1	0	2	
6	3	0	-1	
7	2	1	0	
8	0	1	2	
9	0	1	3	
10	0	1	2	

得分评析：

得分22分以上，则说明被测试者有较高的创新思维能力，适合从事环境较为自由，没有太多约束，对创新性有较高要求的职位，如美编、装潢设计、工程设计、软件编程人员等。

得分21～11分，则说明被测试者善于在创造性与习惯做法之间找出均衡，具有一定的创新意识，适合从事管理工作，也适合从事其他许多与人打交道的工作，如市场营销。

得分10分以下，则说明被测试者缺乏创新思维能力，属于循规蹈矩的人，做人总是有板有眼，一丝不苟，适合从事对纪律性要求较高的职位，如会计、质量监督员等职位。

注：以上引自《创新思维能力职业测试》。

第三节　如何做一个具有创新思维的人

奇思妙想

亲爱的同学们，你们还记得司马光砸缸的故事吗？今天，我再给大家讲一个靠奇思妙想解决问题的故事。著名的一只梨联合创始人、螃蟹快跑创始人、10多家顶级企业的创新顾问刘人杰老师讲过一个故事：在某处风景名胜区有一个古典花瓶，底部积攒了很多游客投递进去的钱，有一天，一个个头与花瓶差不多的孩子想要在不被工作人员发现的情况下从瓶中取出钱来，有人出主意用口香糖粘在棍子上，也有人说用网兜，但这些方法“动静”都太大了。最后，这个小男孩抓了一只天牛，利用动物喜欢抓抱的习性，成功地从花瓶中取出钱来。

怎么样才能培养自己的创新思维呢？今天，我们一起来探索一下。

一、探索问题而不是探索答案

我们从小受到的教育，很容易让我们变成结果导向的人。但没有人能保证自己能解决所有的问题，如果遇到不能解决的问题怎么办？抱怨，甚至怀疑自己，这是结果导向带来的不好的后果。除此之外，当一个问题有了固定的答案后，就很难接受其他的答案。但答案是很廉价的，随着时间的推移和技术的发展，答案是不停地变化的，一味地以结果为导向会让你止步不前。

比如，“你这一生追求的究竟是什么？”这类问题就像“我是谁”“怎样能够让世界更美好”等，由于边界太大，是第一类难回答的问题。而“今天中午吃什么”由于边界太小，是第二类难回答的问题，这些都不是好问题。

什么样的问题才是好问题呢？边界不能太大也不能太小的问题。

举例：工业设计师要设计一把椅子。但几千年来人们一直都在生产和设计椅子，不论你用什么材质，都有人在你前面尝试过很多次，你能想到的别人都做出来了。那么如何设计出与众不同的好椅子呢？设计师是怎么做到的？如何设计一把出与众不同的好椅子，这个问题没法回答。面对这个问题时，将问题化成设计“坐”，谁来坐，在什么情况下坐，坐在哪等，这样思路就会开阔很多。由于人对坐的需求随着时间的推移是不同的，所以千百年来才能设计出各式各样不同的椅子。

以上就是一个由小变大的例子。

举例：怎样开发出性能超群的油污清洁剂呢？在深入用户调查后发现，油污并不是真的难清洁，真正难清洁的是油垢。为什么不在油污的时候清洁，而是在油污转化为油垢的时候清洁呢？经调查发现是由于使用清洁剂会对锅碗产生污染，所以在定期大扫除的时候才会清洁。于是可以将问题改写成“帮助用户及时清洁油污，而不造成另外的污染”。之后，人们开发出了啫喱状的油污清洁剂。

以上就是一个由大变小的例子。

所以提问很重要，千万不要结果导向。

二、尽可能让你的思考可视化

可视化并不单纯是涂鸦画画。视觉是给我们带来信息量最大的感觉器官，如果把我们想的东西充分地视觉化，可以给我们带来巨大的帮助。

举例：侦探。其实创新的本质就是信息背后的链接。每个侦探家里面都有一面布满信息的墙，侦探要做的事情，就是要发现这些已知信息背后有没有链接。这也是创造力的第二个来源。

综上，要提高创新思维能力，需要养成两个比较好的习惯。第一个就是提问题，经常提问题，多问好的问题。第二个就是把自己的思考平铺出来，坚持就会发现创造力逐渐地积累，然后你就会变成一个善于思考的人，善于洞察事情背后的本质。这些都会决定你创造的高度。

人人都有创造力，只不过要养成一些好的习惯，学习一些方法。

推荐两本书：

《设计改变一切》会颠覆你对创意的看法，任何一个有创意的人，都不应该错过。

《餐巾纸背面》是一本让人脑洞大开的全球畅销书，利用可视化的方式探索商业化中的难题。

创新思维学案

一、思维导图

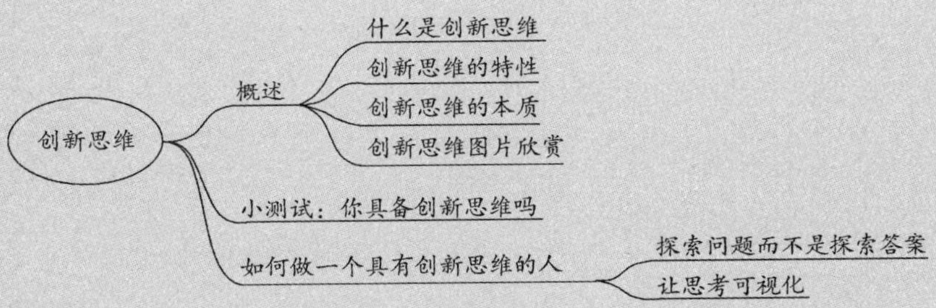

二、基础夯实

1. 创新思维是指引发出__________的思维形式，主要是指非逻辑思维。

2. 创新思维的基本特性包括突破性、________、多向性、形象性、________、深刻性、独立性、突发性、敏捷性、________、综合性。

3. 要想成为一个具有创新思维的人，要培养自己以________为导向，让思维可视化。

三、创新思维训练

1. 吉姆正在做一道智力开发题，杰克来找他踢球。

杰克问："什么题啊？很难吗？"

吉姆说："在0与1之间加上一个数学符号，使得这个数比0大，比1小。"

杰克说："这还不简单。"他马上就解决了这个问题。

你知道杰克加了什么符号吗？

2. 有一次，小明的爸爸去外地出差，回来的时候带回了15千克车厘子。他准备把这15千克车厘子分成相同的5份，送给他的5个朋友，每人3千克。他把车厘子交给小明，让小明把它们分开。虽然他给了小明一架测量用的天平，但他只给了小明一个2千克和一个5千克的砝码。小明感到很为难，不知道应该怎样均分这些车厘子。你来帮帮他吧。

创意项目表

<table>
<tr><td>姓　名</td><td></td><td>年级、班级</td><td></td></tr>
<tr><td>创意名称</td><td colspan="3"></td></tr>
<tr><td colspan="4">项目内容描述及配图</td></tr>
<tr><td colspan="4"></td></tr>
</table>

第三章　逻辑思维

第一节　什么是逻辑思维

奇思妙想

S先生、P先生、Q先生三人知道桌子的抽屉里有16张扑克牌：红桃A、Q、4，黑桃J、8、4、2、7、3，草花K、Q、5、4、6，方块A、5。约翰教授从这16张牌中挑出1张牌来，并把这张牌的点数告诉P先生，把这张牌的花色告诉Q先生。这时，约翰教授问P先生和Q先生：你们能从已知的点数或花色中推知这张牌是什么牌吗？于是，S先生听到如下的对话：

P先生：我不知道这张牌。

Q先生：我知道你不知道这张牌。

P先生：现在我知道这张牌了。

Q先生：我也知道了。

听罢以上的对话，S先生想了一想之后，就正确地推出了这张牌是什么牌。

请问：这张牌是什么牌？

一、逻辑思维

逻辑思维又称为“抽象思维”。它是以抽象的概念、判断和推理为形式的思维方式。概念是反映客观事物本质属性的思维形式。判断是对思考对象有所断定的思维形式。推理是由已知判断推出新判断的思维形式。

二、三段论

逻辑最基本的结构就是三段论。三段论是一种间接推理，也是一种演绎推理。它是以两个含有共同项的性质判断为前提，推导出另一个性质判断作为结论。其结构是这样的:所有M都是P,所有S都是M,所以,所有S都是P。

例如:

(1)凡金属都导电,这块玻璃不导电,所以,这块玻璃不是金属。

(2)所有恐龙都已经灭绝了,有些恐龙是草食性动物,所以,有些草食性动物已经灭绝了。

(3)凡科学都是有用的,逻辑学是科学,所以,逻辑学是有用的。

第二节 逻辑思维的方法

一、分析与综合

分析是在思维中把对象分解为各个部分或因素分别加以考察的逻辑方法,综合是在思维中把对象的各个部分或因素结合成为一个统一体加以考察的逻辑方法。

二、分类与比较

分类就是根据事物的共同性与差异性把事物归类,具有相同属性的事物归入一类,具有不同属性的事物归入不同的类。比较就是比较两个或两类事物的共同点和差异点,通过比较就能更好地认识事物的本质。

三、归纳与演绎

归纳是从个别性的前提推出一般性的结论,前提与结论之间的联系是或然性的。演绎是从一般性的前提推出个别性的结论,前提与结论之间的联系是必然性的。

四、抽象与概括

抽象就是运用思维的力量,从对象中抽取它本质的属性,抛开其他非本质的东西。概括是在思维中从单独对象的属性推广到这一类事物的全体的思维方法。

五、系统化与具体化

系统化是在概括的基础上,在头脑中把一类事物按照不同顺序和层次组成一定系统的思维过程。

具体化是同抽象相反的思维过程,它将通过抽象概括获得的一般认识返回到特殊的实际中去,是将抽象的理性认识与具体的感性认识相结合的思维方法。

第三节 逻辑思维训练

1. 一家英国报纸为下述难题征求答案：三个名人搭乘一个热气球，三人都立过不朽之功，其中一人在医药上有过重大贡献，第二个是拥有上千项专利的发明家，第三个是核物理学家。现在热气球遇到风暴，要把一个推下去，气球才能安全，三人之中究竟应牺牲哪一个？

2. 女主持人大赛，最后考她们的应变力。有这样一道题：希特勒和肖邦，你必须选一个，你会嫁给谁？

3. 在 8 个同样大小的杯中，有 7 杯盛的是凉开水，1 杯盛的是白糖水。你能否只尝 3 次，就找出盛白糖水的杯子来？

4. 某药店收到 10 瓶药，每瓶中均装有重 100 毫克的药丸 1000 粒。后被告知其中一瓶药发错了，错药的形状、颜色及包装均与其他 9 瓶药完全相同，只是每丸药重 110 毫克。你能用天平一次称出错药吗？

5. 下边有 10 个不同的字母，代表 0 ~ 9 这 10 个不同的数。已知 D 代表 5，则其余字母各代表什么数？

$$\begin{array}{r} \text{DQNALD} \\ +\ \text{GERALD} \\ \hline \text{RQBERT} \end{array}$$

6. 小明和小强都是张老师的学生，张老师的生日是 M 月 N 日，2 人都知道张老师的生日是下列 10 组中的一天，张老师把 M 值告诉了小明，把 N 值告诉了小强。张老师问他们知道他的生日是哪一天吗？

3 月 4 日　3 月 5 日　3 月 8 日　6 月 4 日　6 月 7 日　9 月 1 日　9 月 5 日　12 月 1 日　12 月 2 日　12 月 8 日

小明说：如果我不知道的话，小强肯定也不知道。

小强说：本来我也不知道，但是现在我知道了。

小明说：哦，那我也知道了。

请根据以上对话推断出张老师的生日是哪一天。

7. 小明参加了潍坊市第二届小学生探索与应用能力竞赛。赛后，小红问小明得了第几名。小明说："我考的分数名次和我的年龄的乘积是 2134。"小红想了想立即说出了小明的竞赛得分和名次，请问当年小明的年龄是多少岁？竞赛得了第几名？

8. 红星小学在植树节这天组织了 8 个小队，参加了植树活动，共植树 108 棵，每个小队植树的棵数相同，其中植树最多的小队种了 18 棵，则植树最少的小队种了多少棵？

9. 光明小学的 2 名教师要带领 265 名学生外出春游，客车出租公司有两种型号的车，其中大客车有 39 个座位，小客车有 30 个座位，要使每人都有座位，且没有空座位，大、小客车各需多少辆？（包括 2 名教师在内）

10. 有 3 个同样的红木书架，分给 3 个人，其中 3 个人各分到一个书架，然后分到书架的 3 个人各拿出 1200 元，平均分给其余 2 个人，大家说这样的分配公平合理。那么每个书架值多少钱？

11. 有一条公共汽车行车路线，除去起始站和终点站外，中途有 9 个停车站，一辆公共汽车从起始站开始上乘客，除终点站外，每一站上车的乘客中恰好有一位乘客从这一站到以后的每一站下车，为了使每位乘客都有座位，那么这辆汽车最少要有多少个座位？

12. 有一司机开三轮车做长途运输生意，已知三轮车轮胎的寿命是 2 万千米，他现在要进行 5 万千米的长途运输，计划用 8 个轮胎完成此次远行。请问：他是如何做到的？

13. 瑞芳在一家珠宝公司工作，由于她工作积极，因此公司决定奖励她一条金链。这条金链由 7 环组成，公司要求每周只能领取一环。瑞芳知道从金链上切割每一环的费用是相当高的，每周切一环，最后会得不偿失。但她最后想了一个办法，只切了一环，就轻松取走了金链。请问：她是怎样做到的？

逻辑思维学案

一、思维导图

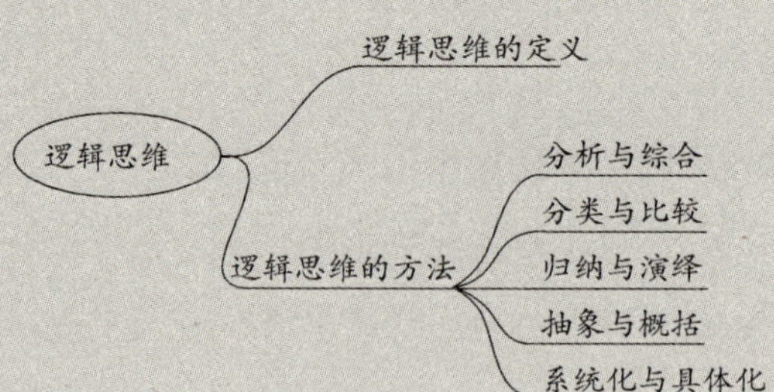

二、基础夯实

1. 逻辑思维又称为________。它是以________、________和________为形式的思维方式。

2. 逻辑思维的方法有____________、____________、____________和抽象与概括、系统化与具体化。

三、创新思维训练

1. 有一群研究逻辑学的同学举行了一场晚会。老师到场后，想和大家玩一个游戏。于是他关了灯，给每一个人都分一顶帽子戴上，并告诉大家这些帽子有的是黑色的，有的是白色的，白帽子至少有一顶。所有人不能交谈，不能取下自己的帽子看颜色。如果谁判断出自己的帽子的颜色是白色的话，就拍一下掌。游戏开始了，灯亮了一下，所有人看了一圈，没有人拍掌，然后灯熄灭了。过几秒钟，灯又亮了一会儿，还是没有人拍掌，然后灯熄灭了。这样，直到第四次熄灯之后，才听见拍掌声。那么，有多少人戴着白帽子呢？

2. 一个顽皮的小孩独自闯入一座迷宫，在里面走了很久，一直没有找到出口，孩子被吓坏了。这时，他走到一个三岔路口旁，发现每个路口都写着一句话。第一个路口写着："这条路通向迷宫的出口。"第二个路口写着："这条路不通向迷宫的出口。"第三个路口写着："另外两个路口写的话，一句是真的，一句是假的，我保证，我上述的话绝不会错。"那么，他要选择哪一条路才能出去呢？

3. 文森特家有 3 只猫（白猫、黑猫、花猫），它们在美丽的小溪中捉鱼，每只猫都捉到了 1 ~ 3 条鱼不等，即它们可能各捉到 1 条，也可能各捉到不同数量的鱼。回来的路上，3 只猫说了下面的话，显然，说的数量比实际捉到的多，那肯定是假的，剩下的话都是真的。

白猫："黑猫捉到了 2 条鱼。"

黑猫："花猫捉到的不是 2 条鱼。"

花猫："白猫捉到的不是 1 条鱼。"

请问：它们各自捉到了多少条鱼？

创意项目表

<table>
<tr><td>姓　名</td><td></td><td>年级、班级</td><td></td></tr>
<tr><td>创意名称</td><td colspan="3"></td></tr>
<tr><td colspan="4">项目内容描述及配图</td></tr>
<tr><td colspan="4"></td></tr>
</table>

第四章　破除创新思维枷锁

第一节　思维定势

奇思妙想

1. 在一次宴会上，主人拿出一瓶红酒后告诉大家，酒瓶是用软木塞塞住的。若没有起塞工具且不准损坏瓶子，能否喝到瓶子里的酒呢？来宾中很快有人解决了这个问题：将塞子塞入瓶中，酒便能倒出来。

2. 有一个聋哑人到五金商店去买一个钉子，他通过向售货员比划订订子的动作成功买到了。若一个盲人要买剪刀，试想一下他又该怎么做呢？

3. 300 年前，英国伦敦郊区有一个叫霍布森的农场主。他养了很多马，高马、矮马、花马、斑马、肥马、瘦马都有。他对去买马的人说，你们随便去挑选吧，可以选大的、小的、肥的，也可以租马。大家非常高兴地就去挑选了，但是马圈只有一个很小的门，人们只能挑选又瘦又小的马才能牵出马圈。

一、霍布森选择

"奇思妙想"中的第三个就是著名的"霍布森选择"。从表面看，人们的选择似乎很多，其实都是在一定的范围内，所以实际上还是没法选择。这就是人们常说的思维定势。人在一定的环境中工作和生活，久而久之就会形成一种固定的思维模式，使人们习惯于从固定的角度来观察、思考新事物和新问题，以固定的方式来接受新事物和新问题。

思维定势的积极作用：使我们借助过去的经验和知识尽快解决类似问题，可以避免探索试验的步骤，大大节省思考时间，使人们不走或少走弯路。在日常生活中，思维定势可以帮助人们解决 90% 以上的问题。

（1）刚学完某一个公式，做练习时马上就会套用。

(2)每天走同一条路或坐同一班车回家。

(3)发生地震时,人们会立即往屋子外面跑。

思维定势的消极影响:容易使思维僵化,阻碍和扼杀潜能,限制创新思维。思维定势就像一副枷锁,束缚了人们的思路。

二、常见思维定势举例

【案例1】 拿破仑滑铁卢兵败后被流放到圣赫勒拿岛,他的一位善于谋略的密友通过秘密方式给他捎来一副用象牙和软玉制成的国际象棋。拿破仑爱不释手,从此一个人默默下起了象棋,打发着寂寞痛苦的时光。拿破仑死后,这副象棋经过多次转手拍卖。后来一个拥有者偶然发现,有一枚棋子的底部居然可以打开,里面塞有一张如何逃出圣赫勒拿岛的详细计划!

【案例2】 心算家阿伯特·卡米洛从来没有失算过。有一天他在做表演时,有人上台给他出了一道题:"一辆载着283名旅客的火车驶进车站,有87人下车,65人上车;下一站又下去49人,上来112人;再下一站又下去37人,上来96人;再再下一站又下去74人,上来69人;再再再下一站又下去17人,上来23人……"那人刚说完,心算大师便不屑地答道:"小儿科!告诉你,火车上一共还有……""不,"那人拦住他说,"我是请您算出火车一共停了多少站口。"阿伯特·卡米洛呆住了,这组简单的加减法成了他的"滑铁卢"。

第二节 如何克服思维定势

一、思维定势的形成过程

过分依赖→仅用一种思路思考问题的习惯→久而久之,思维定势→思维僵化→对问题改变一下设想,调整一下进入角度→解决问题的思路不期而至!

二、克服思维定势的方法

1.变换角度甚至逆向思维

思考问题或者做事,既要从传统的角度考虑,也要从新的角度或者相反的角度去考虑,有时甚至要大胆抛弃传统的思路和做法。因为很多时候传统的做法可能效率更低。人有我优,人优我新,人弃我取。大家都用的方法我能否另辟蹊径;大家习以为常、司空见惯的事情和现象要敢于质疑,多问几个“为什么”。有时候,经验和权威也是一种创新的障碍,因此要敢于打破这层“壳”,树立自我价值观。在常规办法行不通时要敢于改变和革新。穆罕默德说过:“山不过来我过去。”有时候新的思维方法过一段时间以后可能又变成了一种桎梏人们思想的东西,所以很多时候要大胆想象,敢于开拓和抛弃。

2. 发散思维,打开思路

脱离思维定势,有时需要进行发散思维,即善于从多个方面、多个角度考虑问题并提出解决办法。

例如,葫芦可以做器皿、工艺品、“救生圈”等,如图 4 - 1 所示。

图 4 - 1 葫芦的用途

3. 不迷信名人和权威,不盲从习惯思维和定论,敢于尝试和验证

伽利略的斜塔实验:当时,几乎所有人都信奉亚里士多德的重物先落地的经验论,伽利略不迷信名人和权威,他找了一大一小两个球在比萨斜塔做实验,最终验证了自己的结论。

第三节　打破思维定势训练

一、图例训练

训练 1：图 4 – 2 所示是一条什么样的裤子？

训练 2：图 4 – 3 所示的台阶怎么了？

图 4 – 2

图 4 – 3

训练 3：在图 4 – 4 所示的 5 个图形中，哪个与众不同？

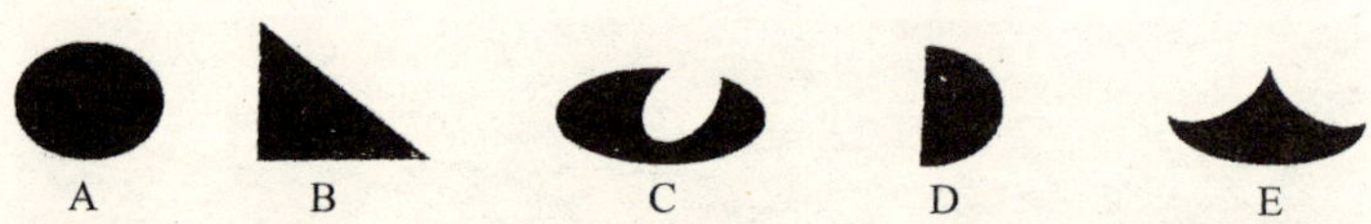

图 4 – 4

二、字词的流畅性训练

1. 现有 10 个“十”字，请为每个添上不超过 3 笔的笔画，使其变成其他不重复的 10 个字。

十、十、十、十、十、十、十、十、十、十

2. “申”字中藏有多少个汉字？请写出来。

3. 请不借助字典和其他工具在“日”字上、下、左、右、上下一起加笔画，各写出 5 个以上的字来。

4. 请不借助字典和其他工具在“口”字上、下、左、右加笔画，各写出 5 个以上的字来。

5. 请不借助字典和其他工具写出以下字来。

一口马、两只马、两口马、三只马、四只马、加只马、又是马、累了马、也是马、它有马、各种马。

6. 下面有 8 句成语，请找出与它们同义的另外 8 句成语。

(1)见缝插针　(2)平步青云　(3)老调重弹　(4)负荆请罪

(5)画蛇添足　(6)白璧微瑕　(7)涂脂抹粉　(8)病入膏肓

7. 你能分别用8个字描述它们的意思吗?

(1)小而高的山　(2)小而尖的山　(3)尖而高的山　(4)高而陡的山

(5)高而险的山　(6)高而大的山　(7)土堆成的山　(8)四周陡而顶端平的山

8. 减一笔,加一笔。

原字　　　　　　　　灭　旧　柱　玉　舌　亚　泊

减去一笔成字:______________________________

加上一笔成字:______________________________

三、故事接龙

请几个同学轮流做故事情景描述的接力游戏,越快、越新奇、越有感染力、越流畅就越好。

先确定故事题目,然后由一个人开头,再一个接一个地讲述。

例如:(1)一个人去看牙医,当他看到医生拿来的工具时,被吓坏了。医生为了使他安静下来,给他喝了一点酒,病人感觉好多了,随之又要了一杯酒喝了下去。这时医生问他:"这次有勇气了吧?"病人在这个时候却大声说……

原结尾:病人在这个时候却大声说:"是啊,我倒要看看谁敢动我的牙!"

(2)一个老先生在街上行走,看到一个小男孩在按门铃,但门铃太高怎么也够不到。心地善良的老先生停下来对小孩说:"我帮你按吧!"于是使劲地按门铃,整个房子的人都听到了门铃声,小孩这个时候对老先生说……

原结尾:小孩这个时候对老先生说:"现在咱们快逃吧,晚了,人该出来了。"

四、逻辑运算

1. 一个人用600元买了一匹马,以700元卖了出去,又用800元买了回来,以900元卖了出去。请问:他赚了多少钱?

2. 有3个学生到一家小旅店住宿,他们准备住1个晚上,每人交了10元钱,老板见是学生说少收5元吧,退回5元。服务员拿着这5元心想:5元分给3人不好分,于是自己收起2元,退给每个学生1元。事后,服务员心中不解:每个学生交9元共27元,自己拿了2元总计29元,可学生给了30元,那1元到哪儿去了?请大家帮他想一想。

思维定势学案

一、思维导图

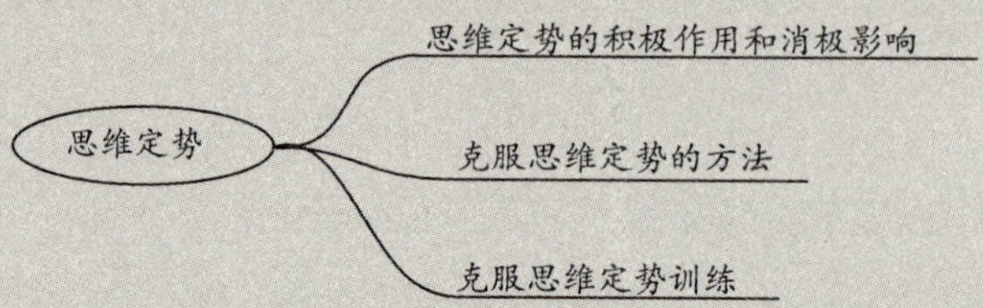

二、基础夯实

1. 思维定势对于人们思考问题、解决问题既有很大的消极影响，也有一部分积极作用，比如可以__________、__________等。

2. 常见的思维定势有________、________、________。

3. 我们可以通过__________和__________等方法来摆脱思维定势。

三、创新思维训练

1. 在一个荒无人迹的河边停着一只小船，小船只能容纳一个人。有两个人同时来到河边，但两个人都乘这只船过了河。请问：他们是怎样过河的？

2. 抽屉里有黑色和白色袜子各 7 只，假如你在黑暗中取袜子，请问至少拿出几只才能保证拿出一双颜色相同的袜子？

创意项目表

<table>
<tr><td>姓　名</td><td></td><td>年级、班级</td><td></td></tr>
<tr><td>创意名称</td><td colspan="3"></td></tr>
<tr><td colspan="4">项目内容描述及配图</td></tr>
<tr><td colspan="4"></td></tr>
</table>

第五章　形象思维

形象思维是以直观形象和表象为支柱的思维过程。例如,作家塑造一个典型的人物形象,画家创作一幅画,要在头脑里先构思出这个人物或这幅图画的画面,这种构思的过程是以人或物的形象为素材的,所以叫"形象思维"。它包括想象思维和联想思维。

形象思维具有形象性、直观性和灵活性的特点。它源于直观形象和既有经验,却又不受固定程序、规则和逻辑推理的约束,灵活地、跳跃式地直接抓住事物的本质。

第一节　想象思维

奇思妙想

韩信是我国历史上有名的将领。刘邦想试一试韩信的智谋,就给他一块五寸见方的布帛,对他说:"给你一天的时间,你在这上面尽量画上士兵,你画多少,我就给你带多少兵。"旁边的萧何暗暗叫苦,心想:一块小小的布帛,能画几个兵啊!没想到,第二天,韩信按时交上布帛。刘邦一看,大吃一惊,决定把兵权交给韩信。韩信究竟画了什么呢?请同学们看一下图 5-1,一起来鉴赏一下吧。

图 5-1

一、什么是想象思维

想象思维是人脑通过形象化的概括作用对脑内已有的表象进行加工或重组的思维方式。它是形象思维的一种基本形式和方法,是一种特殊的心理现象和非逻辑思维。

想象以表象为素材,所以想象出来的形象来源于现实。想象又具有创造性,因而它创造出来的新形象又不完全是现实生活中的事物。例如,文学中的典型人物形象,他并不是现实生活中的某一个人。有时,想象出来的事物现实生活中并没有,是人们通过想象把它制造出来的,这就是发明、创造。例如,飞机就是先人在头脑中想象出来后制造出来的。有时,想象出来的事物不仅现实生活中没有,将来也不会有。例如,麒麟,过去没有,将来也不会有。尽管如此,想象作为一种心理现象,它还是对客观现实的反映。麒麟虽然现实生活中没有,但它的皮是鱼的皮,角是鹿的角,蹄子是牛的蹄子,人们不过是把这些东西在想象中结合起来罢了,归根结底它还是来源于现实生活。

二、想象思维的形式

1. 无意想象

无意想象是指事先没有预定的目的,在某种刺激作用下不由自主地想象。例如,一个人正在教室里听讲,当老师讲到山脉和河流时,他想起了自己打算去旅游的事,不由得走了神,想着自己到了哪处名山秀水,在那里尽情地玩耍起来,这就是一种无意想象。还有人们在睡眠时做的梦,精神病患者在头脑中产生的幻觉等,这些都是无意想象。

2. 创造想象

创造想象是根据一定的任务和目的,对头脑中已有的表象进行加工创新,独立地创造出崭新形象的过程。

例如,正当苹果手机风靡全球时,作为智能手机专家的黑莓早已坐立不安。黑莓新推出的9500遇到了苹果iPhone,市场占有率一直上不去,推出一则富有创造性的广告迫在眉睫。而被人们誉为"水果家族"的两大手机公司之间的"水果之战"由来已久,RIM(黑莓)公司直接用两个水果的战斗来做了一个广告。广告内容如下:

"这是来自两个水果的对决,本来两个水果相安无事,直到有一天它们为了争论谁最好吃而发生了一场惨烈的战争,一颗莓成功地射杀了这个苹果。"

高速镜头下,一颗"子弹"把一个红色苹果击破,穿过后才看清那"子弹"是一颗黑莓果实,然后打出的广告词是"Nothing can touch it",如图 5-2 所示。

图 5-2

分别用两个水果来代表两家公司,既形象生动又富有趣味性。如子弹般快速的黑莓在穿透苹果的那一刻就预示着黑莓手机可以成功地击败苹果手机,虽没有正面攻击苹果手机，但此举一出便鲜明地表明了其中的含义。形象鲜明让观众叫绝！

3. 幻想

幻想是指和一个人的愿望相联系并指向未来的想象。幻想思维的突出特点是它的脱离现实性，幻想思维能够在没有现实干扰的理想状态下任意驰骋，导致创新思想方案产生。

比如，1894 年，俄国科学家齐奥科夫斯基就大胆幻想了未来的宇宙航行：①制造带翅膀和一般操纵装置的火箭式飞机；②以后飞机的翅膀略有缩小，牵引力和速度增加；③飞至大气层外及滑翔降落；④建立大气层外的活动站（人造卫星）；⑤登月；⑥在小行星带上和太阳系里其他不大的天体上建立移民区；⑦太阳开始熄火，太阳系的残存居民转至别的“太阳”……这些听起来好像是在叙述航空航天事业发展的历史。其实当齐奥科夫斯基提出上述设想时，莱特兄弟的飞机尚未问世。今天，由于实用火箭、喷气式飞机、人造卫星、阿波罗登月计划、航天轨道站以及航天飞机等的相继出现，齐奥科夫斯基的设想已经实现。所以有人认为幻想是创造活动的源头。幻想可以给人以创造发明灵感，丰富的幻想是所有发明家共有的特征。

三、想象思维训练的方法

1. 累积形象材料

在日常生活、娱乐活动、学习参观、休闲旅游和社会实践活动中，尽量扩大对自然界和人类活动中事物形象的掌握，有意识地观察事物形象，广泛积累表象材料，丰富表象储备。对自然界或人类社会中的事物形象掌握得越多，越有助于培养抽象思维，当然也更有助于培养形象思维。

2. 积极开展联想和想象活动

不要束缚自己的想象，要让想象展翅高飞，任其在广阔的宇宙中遨游。中国著名的化学家侯德榜，于 1932 年发明了新的制碱法造出纯碱，从而在万国博览会上荣获金质奖章。侯德榜小时候不但读书非常刻苦勤奋，成绩优异，而且还喜欢想象。在课余时间，他经常侧身躺在福建家乡的草坡上，望着滚滚的闽江水，让自己的想象纵情驰骋，旋转不息的水车、姑母家的药碾子等，都是他想象过的东西。

3. 建构知识整体学习法

先把握知识结构层次和整体框架，然后区分知识的层次、方面和知识点，进而把握知识或事物的重点，分清重点和细节部分，再集中精力理解并掌握知识重点和整体结构。建构知识整体学习法，强调建构知识整体结构，有助于大脑右半球功能的发挥，能大大提高学习记忆的效果。特级教师魏书生在教语文课时，先把初中 6 本书的知识大致分为基础知识、文言文、文学常识、阅读和写作4部分，进而又分为23个知识面，再细分为130多个知识点。然后，用包括主干、次干、枝干3个层次的知识树把它们表达出来，从总体上把握住语文学科的知识系统，使学生脑有全局，重点清楚，一目了然，便于记忆。

4. 促进右脑发育的功能训练

(1)培养绘画意识：经常欣赏美术图画，还要动手绘画，有助于大脑右半球的功能开发。

(2)画知识树：在学习活动中经常把知识点、知识的层次、方面和系统及其整体结构用图表、知识树或知识图的形式表达出来，有助于建构整体知识结构，发展大脑右半球机能。

(3)发展空间认识：每到一地或外出旅游，都要明确方位，分清东西南北，了解地形地貌或建筑特色，发展空间认识能力。

(4)练习模式识别能力：在认识人和各种事物时，要观察其特征，将特征与整体轮廓相结合，形成独特的模式加以识别和记忆。

(5)音乐训练：经常欣赏音乐，增强音乐鉴赏能力，能促进大脑右半球功能的发展。

(6)冥想训练：经常用美好愉快的形象进行想象，如回忆愉快的往事，遐想美好的未来，想象时形象鲜明、生动，不仅能使人产生良好的心理状态，还有助于右脑潜能的发挥。

(7)左侧体操：练习左侧体操和运动有助于右脑保健。

第二节　联想思维

奇思妙想

一个老人留下遗言，将他的17头骆驼分给3个儿子。长子分1/2，二儿子分1/3，三儿子分1/9。骆驼1头也不许宰杀。问：每个儿子各分几头骆驼？

解析：先借1头骆驼凑成18头骆驼，长子得9头，二儿子得6头，三儿子得2头，3个儿子实际上得到的骆驼总数仍然是17头。分完后，把借的那头骆驼再还回去就好了。

一、什么是联想思维

联想思维就是在某种诱因作用下，人们将一种事物的形象和另一种事物的形象联系起来的思维方式。它也是形象思维的一种基本形式和方法。它的特点是：可以在两个不相关的事物之间通过连续的联系而快速地形成联想链。

联想思维最典型的例子就是“牛顿—苹果—万有引力”。牛顿从自然界最常见的一个自然现象——苹果落地,联想到引力,又从引力联系到质量、速度、空间距离等因素,进而推导出力学三大定律。这就是利用了联想思维。

二、联想思维的分类

1. 类比联想

类比联想是由此一类事物联想与之相似、相关的另一类事物。这种类比可能是时间和空间上的,也可能是功能和用途上的,还可能是结构和形态上的。

有一则笑话说,有一个人有一天在家里不停地蹦跳,家里人大为惊讶,问他:"你怎么了?"他回答说:"我刚刚喝了药,医生叫我喝药以前把药瓶上下左右摇晃一下,我刚才忘了,喝完药后才想起来,现在只好这样摇晃我自己的身体了。"有个医生却从这个笑话中得到启发,他想:农村有人为了自杀喝进大量的卤水,在抢救自杀者时是否也可以将自杀者的肚子作为抢救工具呢?可以考虑往自杀者口中灌入一定数量的豆浆,使豆浆在自杀者肚子里与卤水发生化学反应而变成对人无害的豆腐,自杀者就不再有生命危险。

2. 对比联想

对比联想是指由事物间完全对立或存在某种差异而引起的联想。比如,由英雄想到叛徒,由很软的石墨想到坚硬的金刚石,由自然科学想到社会科学,由电动机联想到发电机,由电流产生磁场(电磁效应)联想到用磁场产生电流(磁电效应)等,都是对比联想的体现。

某地有两个奇怪的村庄:张庄的人在星期一、三、五说谎,王庄的人在星期二、四、六说谎,其他日子说实话。一天,外地的小明来到这里,见到两个人,分别向他们提出了关于日期的题。两人都说:"前天是我说谎的日子。"如果被问的两个人分别来自张庄和王庄,那么这一天是星期几?

3. 因果联想

因果联想是指由两个事物之间存在因果关系而引起的联想。这种联想是双向的,可以由"因"想到"果",也可以由"果"想到"因"。由"果"找"因"的联想在发明创造中被大量运用,找到合适的"因",可以达到更理想的"果"。

莎士比亚的名著《威尼斯商人》中有这样一个情节:白富美少女鲍西亚征婚,其去世的父亲在遗嘱里规定要猜匣为婚。鲍西亚有金匣子、银匣子和铅匣子三只匣子,只有一只匣子里放着鲍西亚的肖像,同时,三只匣子上有三句话,仅有一句话是真的。猜中肖像在哪只匣子里的,鲍西亚将嫁给他。

金匣子:肖像不在银匣子里。

银匣子:肖像在金匣子里。

铅匣子：肖像不在此匣中。

你知道鲍西亚的肖像在哪个盒子中吗？

4. 连锁联想

连锁联想即根据事物之间这样或那样的联系，一环扣一环地进行联想，从而引发出新的设想。

传说，包拯当上开封府尹后，当时三朝元老王延龄总想找个机会试试他的才能。

一天早上，王老太师刚刚起身，仆人端上早点，三个五香蛋。他一个鸡蛋刚吃完，忽听家人禀报："新府尹包拯来拜。"

王延龄一听就想趁此机会试试包拯的才能。王延龄对丫鬟说："秋菊，你把这两个五香蛋吃了，任何人追问，不管怎样哄骗、威胁、拷打，你都不要说是你吃的。凡事有我做主，事后再赏你。"秋菊照吩咐做了。

王延龄见到包拯后寒暄了几句便说："舍下刚发生一桩不体面的事，想请包大人协助办理一下。"说罢，指着空碗说："每天早上，我用三个五香蛋当早点。今日，刚吃了一个，因闹肚子，上厕所一趟，回来时那剩下的两个蛋竟不见了。此事虽小，不过太师府里怎能容有这样手脚不干净的人？"

包拯思索片刻说："太师，只要信得过，我立即判明此案。"

王延龄双手一拱，说："那就仰仗包大人了。"

包拯令人将太师府的人集中到一个房间里，并让人端碗清水和空盘子来。然后说："每人喝口水，在嘴里漱漱吐到盘子里，不准把水咽下肚。"

头一个人喝口水，漱漱吐到盘子里。包拯瞅瞅盘子里的水，未吱声，又让第二个人把水吐到盘里。包拯又瞧瞧，又未吱声。轮到第三个人，正是秋菊，她拒绝喝水漱嘴，包拯离了坐位，指着她说："鸡蛋是你偷吃的。"

秋菊顿时脸红到脖子梗，低头搓弄着衣角。王延龄忙说："包大人，你断定是她偷吃的，道理何在呢？"

包拯说："……"

一席话说得太师点头称是。心想，这包拯还真有招数。嘴上却说："包大人，此事已明，算了吧，让他们散吧！"

包拯摇摇头说："不行。案子到此，只明了头，尾还没收呢。"

"此话怎讲？"

包拯严肃地说："秋菊只是为人捉弄，主犯不是她。"

王延龄一惊，想不到包拯这么年轻，遇事想得这么周全，办事这么干练。索性试到底吧，便说："包大人，这样说她吃鸡蛋是受人指使啦，此人又是谁呢？"

包拯认真地说："此人正是太师。"

王延龄笑着连连点头，转脸对众人说："这事正是我要秋菊做的，为的是试试包大人怎样断案。包大人料事如神，真是有才有智。你们回去，各干各的吧。"

这时，秋菊脸上才现出笑容，和大家一道散去。

包公是凭什么断的案呢？

5. 飞跃联想

飞跃联想就是在看上去没有任何联系、相距甚远的事物之间形成联想，以引发某种新设想。

这种联想的能力在我国古典诗词中有着充分的表现。李煜《虞美人》中的"问君能有几多愁，恰似一江春水向东流"，就用"一江春水"来联想、形容愁的"几多"。曹子建的七步诗"煮豆燃豆萁，豆在釜中泣。本是同根生，相煎何太急"，寥寥数语，把兄弟之间的残杀刻画得形象逼真。

三、联想思维的方法

1. 类比法

(1)定义：类比法是把陌生的对象与熟悉的对象、未知的东西与已知的东西进行比较，从中获得启发，从而解决问题的方法。

(2)原理：类比创新法的基本原理是类比推理。它是根据对某一对象的成分、结构、功能、性质等方面特性的认识，推导出当前要解决问题的可能性的设想。

(3)实施

①直接类比：根据原型的启发，直接将一类事物的现象或规律用到另一类事物上。

古时候的换马驿站与近现代的电报看起来没有什么关系。但是，电报信号由一地传到另一地时，信号会不断衰减，严重影响了通信。当塞缪尔·莫尔斯在试图找出如何产生一种可以长距离接收的足够强的信号而被难住了时，他由长途奔波而疲劳的马在一个驿站被替换，而联想到电报站发出的电报信号也可以通过在中途设立信号增强站，从而使信号不至于逐渐衰减。

②仿生类比：类比生物结构、功能或原理而产生新成果。

科学家根据鸟的飞翔特点研制出飞机，根据鹰和青蛙的复眼制造出电子蛙眼，根据鱼在水中游的特点制造出各种船舶，等等。

③因果类比:就是根据某一种事物的因果关系推出另一种事物的因果关系,而产生新的成果。

美国麻省理工学院的谢皮罗教授根据北半球的洗澡水是逆时针方向流出浴池的而进行因果推理,认为北半球的台风同样是逆时针旋转的。他还断言,如果在南半球,情况则恰恰相反。

④对称类比:就是利用对称关系进行类比而产生新成果。

原先化妆品都是女人专用的,根据对称类比,男士也有爱美和护肤的需要,于是男士化妆品就应运而生了。

2. 移植法

(1)定义:移植法是指把某一事物的原理、结构、方法、材料等转移到当前的研究对象中,从而产生新成果的方法。

(2)原理:是各种理论和技术互相之间的转移。一般是把已成熟的成果转移到新的领域,用来解决新问题,因此,它是现有成果在新情境下的延伸、拓展和再创造。

(3)实施

①原理移植:就是将某种科学技术原理转用到新的研究领域。

电子语音合成技术最初被用在贺年卡上,后来被用到了倒车提示器上,再后来又有人把它用到了玩具上,出现了会哭、会笑、会说话、会唱歌、会奏乐的玩具。当然,它还可以被用在其他方面。

②结构移植:就是将某种事物的结构形式和结构特征转用到另一种事物上,以产生新的事物。

缝衣服的线被移植到手术中,出现了专用的手术线;用在衣服鞋帽上的拉链被移植到手术中,完全取代了用线缝合的传统技术,“手术拉链”比针线缝合快10倍,且不需要拆线,大大减轻了病人的痛苦。

③方法移植:就是将新的方法转用到新的情境中,以产生新的成果。

澳大利亚短跑运动员舍里尔为成绩停滞不前而苦恼。他把目光投向每小时跑70多千米、跳远一步达12米的袋鼠,发现袋鼠跑跳前总是下屈身,把腹部贴近地面,然后一跃而起。他参照袋鼠的起跑方法发明了蹲式起跑法,使他在1896年的奥运会短跑比赛中创造了新纪录。

④材料移植:就是将材料转用到新的载体上,以产生新的成果。

用纸造房屋,经济耐用;用塑料和玻璃纤维取代钢来制造坦克的外壳,不但减轻了坦克的质量,而且具有避开雷达的隐形功能。

实施移植法的思路一般有两种:一是从现有的成果出发去寻找新的载体,以有所创新。这种思路属于成果推广型移植。二是从问题出发去寻找其他现有成果以解决问题。这种思路属于解决问题型移植。

形象思维学案

一、思维导图

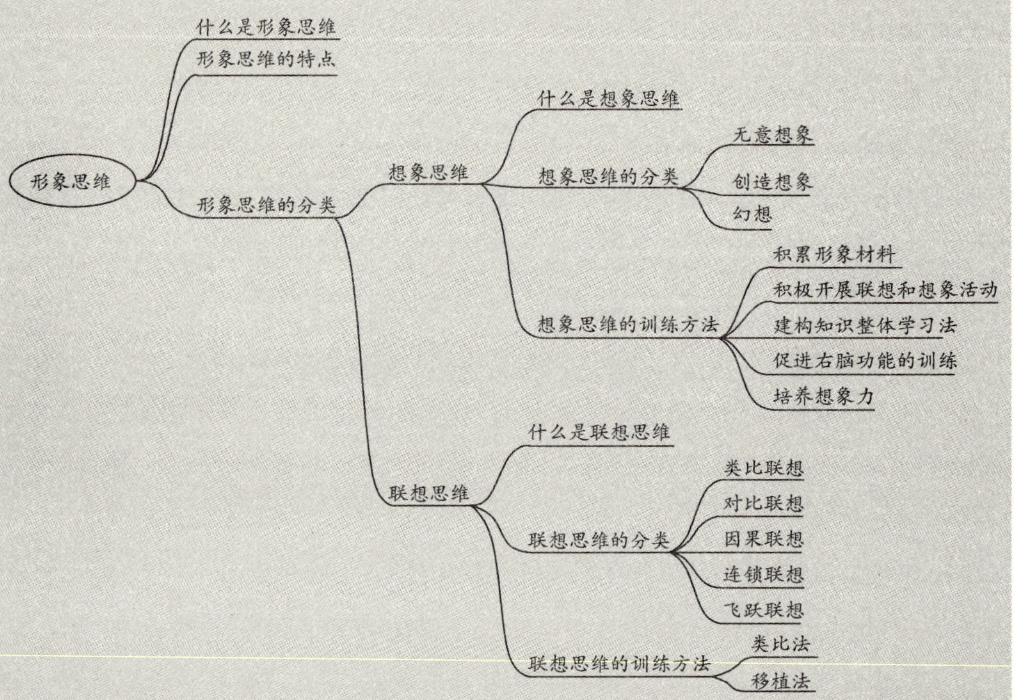

二、基础夯实

1. 形象思维是以________和________为支柱的思维过程。它具有________、直观性和灵活性的特点。

2. 想象思维是人脑通过形象化的概括作用对脑内已有的________进行加工或重组的思维方式。

3. 想象思维包括无意想象、________、幻想。

4. 想象思维可以通过积累形象材料、积极开展____________、建构知识整体学习法、促进右脑功能开发和____________得到训练。

5. 联想思维就是在某种________作用下，人们将一种事物的形象和另一种事物的形象联系起来的思维方式。

6. 联想思维包括类比联想、________、因果联想、________、连锁联想、飞跃联想。

7. 联想思维的方法主要有________和________。

三、创新思维训练

1. 用 9 根火柴棒摆成正三角形，再用 2 根火柴棒将其分为①和②两部分，如图 5 -3所示。哪部分面积更大？

2. 一个人在纽约看见一辆新型的公交车，如图 5 -4 所示。车现在没有开，你能分辨出车将向哪个方向行驶吗？

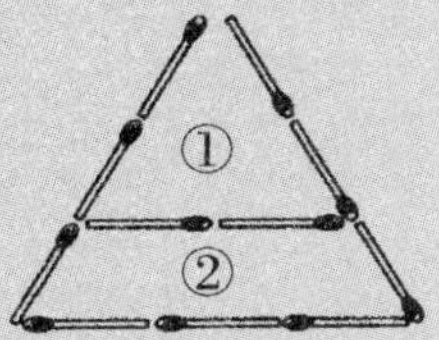

图 5 -3

图 5 -4

3. 考古学家得到了一张沉没巨轮的图纸[见图 5 -5(a)]，当他按图纸的上的纹路分割时，一阵风将图纸的碎片吹散了。考古学家慌忙将图纸一片片地捡回来，却发现原本只有 12 片的图纸碎片变成了 13 片[见图 5 -5(b)]，这其中有一张碎片不属于这张图纸，你能看出是哪一片吗？

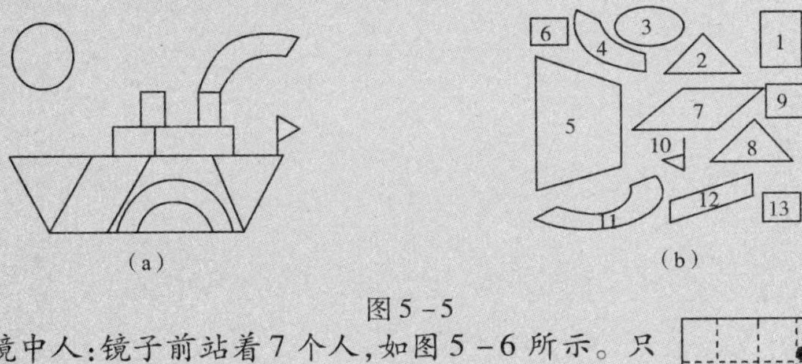

图 5 -5

4. 寻找镜中人：镜子前站着 7 个人，如图 5 -6 所示。只要镜子里有影，哪怕只能看见一只手，都算“能看见”。请问：

(1)有多少人能从镜子中看见①号？

(2)有多少人能从镜子中看见④号？

(3)④号向后退 2 个方块的距离，有多少人能看见他？

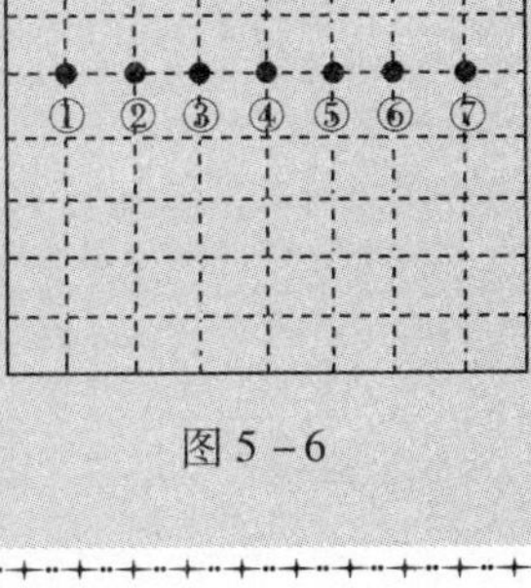

图 5 -6

5. 饺子铺、当铺、衣帽店、药店四家店铺经理要求某点子公司拟出最能表现店铺特色的匾文。该点子公司写道：饺子馆——无所不包；当铺——当之无愧；衣帽店——衣帽取人。给药店起什么名字呢？请你发挥想象力，帮他起一个名字吧！

6. 用下面的词语组织一段文字，要求必须包含所有的词语。

神经错乱、科学、月刊、稀少、聪明、天空、消息、手语、树木、符号、卵石、太阳、模式、间谍、玻璃、池水、橱窗、暴风雨、波状。

7. 在有限时间内，尽快回答下列问题。

(1)在哪里可以找到"幸福"二字？

(2)某对身体健康的夫妇为什么会生一个只有一只右眼的孩子？

(3)小明的爸爸有三个孩子，老大叫大华，老二叫二华，老三叫什么？

(4)有根不落地，有叶不开花，都说它是菜，菜园不种它。猜一植物。

(5)什么东西倒立后会增值一半？

(6)王先生每天都很早回家，为什么他的夫人总说他回来得太晚？

(7)一个患有胃疾又没有眼病的人为何常到眼科科室诊病？

(8)什么鱼不能吃？

(9)甲对乙说："我可以把一根长的尺子变为短尺，却不用折断它。"甲究竟用了什么方法？

(10)什么灯在光天化日下也开着？

创意项目表

<table>
<tr><td>姓　名</td><td></td><td>年级、班级</td><td></td></tr>
<tr><td>创意名称</td><td colspan="3"></td></tr>
<tr><td colspan="4">项目内容描述及配图</td></tr>
<tr><td colspan="4"></td></tr>
</table>

第六章　发散思维和收敛思维

在学习中，当我们面对无穷无尽的题海时，我们究竟应该从无尽的、海量的题海中去归纳概括有限的规律，还是应该从一些典型的问题出发，按照有限的规律去求新、求变、求异呢？

我们习惯的看法是：在一切学习能力中，思维能力是最重要的，在思维能力中，归纳概括的能力又处于核心位置。这使得我们中的绝大多数人习惯了收敛性思维，习惯了从茫茫题海中通过不断地解题来概括规律，通过解决问题活动，获得分析问题和解决问题的能力，但我们却往往忽视了通过对同一问题的主动求变、求新和求异去寻找解决问题的途径，把握解决问题的规律。所以更合理、更高效的选择，应是不仅仅要简单地一题多解，还可以一题多变、一图多变、一图多题，在主动的变化中寻找不变的规律，从而达到“以不变应万变”的目的。

换言之，就是从知识点或者典型问题出发，以学科基本方法作为核心，从一个知识点或者典型问题出发，通过不同的组合、变形对有限的问题进行适度的引申和拓展。这就需要由内而外的发散思维和由外而内的收敛思维。最好的办法就是让老师自己先跳进题海，走一条由外而内的收敛（聚合）性思维的路子，从万千题目中去“悟道”，总结经验和方法；然后再引导学生走一条由内而外的发散性思维的路子，由一而二而无穷，在“道”的变化中寻找规律，通过完成从题海中选择出的最具典型意义的题目，通过主动的变化来寻找共性，适应无限的题海，在有限的练习中掌握规律。

第一节　基本概念

奇思妙想

1. 有位卖西瓜的老翁，在一间破屋子里避雨，眼看屋子就要倒塌了，老翁却浑然不知。这情景正好被一个聋哑人见到了，他想了一个绝妙的方法，老翁立刻跟着跑了出去。你们说，他想了什么方法呢？

2. 一个人被关在一个无窗的房间里，房间只有一扇门，但是门却拉不开。他该如何出来？

一、发散思维

发散思维又称为“辐射思维”“扩散思维”“求异思维”，它是在思维过程中，从某一目标出发，沿着不同方向、不同角度去思考，探求多种解答，或者得出多种结果的思维方式。发散思维可以突破人们头脑中固有的逻辑框架，呈现出多维发散状，由一事想万事，从一物思万物，构成较大的思维空间，得到更多有新意的答案。心理学家认为，发散思维是创造性思维的最主要的特点，是测定创造力的主要标志之一。

发散思维的特征：

(1)流畅性：发散思维“量”的指标。它是指思维的进程流畅，没有阻碍，在短时间内能得到较多的思维结果。

(2)变通性：发散思维“质”的指标。它指的是发散思维的思路能迅速地转换，从而得到更多的思维结果，为选择解题方案提供更多的可能。

(3)求异性：发散思维的本质。它是指不满足既定的解释，围绕问题寻找新的变化，是发散思维的灵魂。思考中不墨守成规，使人的思路不受已有知识和经验的束缚，克服心理定势，跳出“常识”的框架，以新的视角去观察、分析事物，寻求不同的解决问题的方法，如一题多解、一事多写、一物多用等。

二、收敛思维

收敛思维也叫作“聚合思维”“求同思维”“辐集思维”或“集中思维”，它是相对于发散思维而言的，是指在解决问题的过程中，尽可能地利用已有的知识和经验，把各种信息和解题的可能性汇集于研究对象这个中心，重新进行组织，最终得出一个合乎逻辑规范的结论，从而达到解决问题的目的。这就好比凸透镜的聚焦作用，可以使不同方向的光线集中到一点，从而引起燃烧一样。

收敛思维的特征：

(1)封闭性：如果说发散思维的思考方向是以问题为原点指向四面八方的，具有开放性，那么，收敛思维则是把许多发散思维的结果由四面八方集合起来，选择一个合理的答案，具有封闭性。

(2)连续性：发散思维的过程是从一个设想到另一个设想时可以没有任何联系，是一种跳跃式的思维方式，具有间断性。收敛思维的进行方式则相反，是一环扣一环的，具有较强的连续性。

(3)求实性：发散思维所产生的众多设想或方案，一般情况下大多都是不成熟的，也是不实际的，所以必须对发散思维的结果进行筛选，收敛思维就可以起这种筛选作用。

被选择出来的设想或方案是按照实用的标准来决定的,应当是切实可行的。这样,收敛思维就表现了很强的求实性。

三、两者关系

发散思维是求异思维,广泛搜集创新设想和方案(可能多数是不成熟的),为收敛思维提供加工对象;收敛思维是求同思维,对众多创新设想和方案认真整理、全面考察,精心加工成最优的创新成果。发散思维的关键是开放,收敛思维的关键是优化,二者对立统一,相辅相成。如果说发散思维是"由一到多"的话,那么,收敛思维则是"由多到一"。

发散思维与收敛思维示意图如图 6-1 所示。

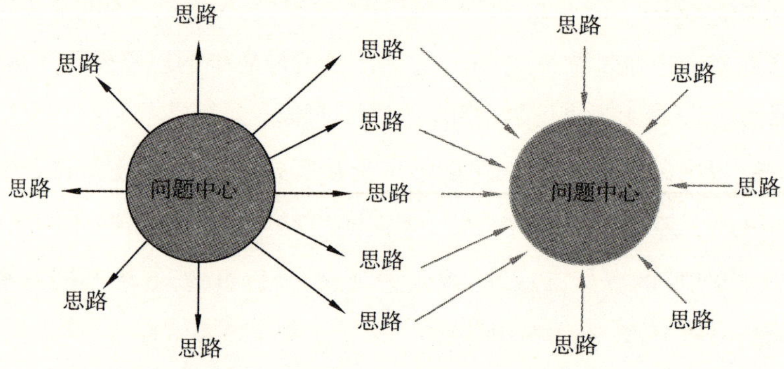

(a)发散思维　　(b)收敛思维

图 6-1　发散思维与收敛思维示意图

第二节　发散思维的分类

一、平面思维

平面思维是指思维对象在一个平面上进行单一定向的思维,也可以指各种思维线条在一个平面上聚散交错,也就是哲学意义上的普遍联系。当思维中心确定以后,它就要从几个方面去分析说明这个问题,当这些点并不构成空间,而是处于同一平面的不同方位时,思维就进入了平面思维。

"龙"是中国古代虚构的神物,它的形象是由许多动物形象中最神奇的部分放在平面上组合而成的。汉代学者王充曾指出,龙的角像鹿、头如驼、眼睛如兔、颈如蛇、腹似蜃、鳞如鲤、爪似鹰、掌如虎、耳朵像牛。苏联卫国战争期间,列宁格勒遭到德军的包围,经常受到敌机的轰炸。在这紧要关头,昆虫学家施万维奇从蝴蝶五彩缤纷的花纹能迷惑人的现象中受到启发,建议对重要目标进行迷彩伪装。这一招十分有效,大大降低了重要目标的损伤率，也就有了今天的军用迷彩服。这些都是平面思维的结晶。

同为平面思维，每个人拓展的范围是不一样的。书读得越多，思考的面越广，你的这张“饼”就越摊越大，你就越聪明。在某个方面无限拓展平面思维，就容易成为某个方面的行家里手。哪怕你整天想的就是衣食住行、吃喝玩乐，你在这方面也会得心应手，成为玩家、烹饪师、美食家、赛车手、旅行家。如果你运用平面思维考虑某个行业、某个领域的问题，就容易成为该行业、该领域的专家、权威。

二、立体思维

立体思维也称“多元思维”“全方位思维”“整体思维”“空间思维”或“多维型思维”，是指跳出点、线、面的限制，能从上、下、左、右等各个角度去思考问题的思维方式，也就是要“立起来思考”。

立体式思维具有多极性、系统性、整体性、整合性，不受时空限制。“用3根火柴组成尽可能多的直角”的游戏颇能说明这种思维方式的特征。习惯于直线式思维的人常把3根火柴放在一条线上考虑，把它们并在一起或把它们头尾相接，当然，这无法构成任何直角。具有平面式思维特点的人把3根火柴放在一个面上考虑，发现这3根火柴不仅可以构成2个、4个直角，还可以构成8个直角。而具有立体式思维能力的人，则把3根火柴组成直角的问题放在更广阔、更系统的空间范围上去考虑，因此，他可以仅用3根火柴就组成12个直角。在空间上而言，直线式思维是一维的，平面式思维是二维的，而立体式思维是三维的。在生产和生活中，有不少东西都是跃出平面、伸向空间的结果。小到弹簧、发条，大到耸入云天的摩天大楼，还有立体绿化、立体农业、立体网箱养鱼、立交桥等。杭州市青少年业余发明学校的学生利用立体思维发明了立体文具盒、立体工具箱、立体报刊架等。

科学家在研制飞机、导弹和卫星时需要运用非常复杂的电子设备，装配这些设备往往需要几十万甚至几百万个晶体管、电阻、电容等电子元件，这样的设备体积大，携带和使用不方便。后来，他们将各种电子元件由平面式的接线方式改为立体式的连接，制成了平面型的晶体管、电阻、电容。这些元件通过层层重叠的方式组装起来，就构成了微型组合电路，再在一个单晶硅片上做成集成电路。这样，一个5平方毫米的硅片上就可集成27000个元件。正是由于有了这种集成电路，才有了电子手表、电子计算器、手机等袖珍电子产品。

你还能想出什么样的立体思维形式？

三、逆向思维

逆向思维也叫“求异思维”,它是对司空见惯的、似乎已成定论的事物或观点反过来思考的一种思维方式。人们习惯于沿着事物发展的正方向去思考问题并寻求解决办法,逆向思维“反其道而思之”,让思维向对立面的方向发展,从而解决问题、树立新思想、创设新形象。

对于某些问题,尤其是一些特殊问题,从结论往回推,从求解回到已知条件,反过去想或许会使问题简单化。因为客观世界上的许多事物之间都能相互产生,甲能产生乙,乙也能产生甲。例如,化学能能产生电能,据此科学家伏特于1800年发明了伏打电池。反过来,电能也能产生化学能,通过电解,化学家戴维于1807年发现了钾、钠、钙、镁、锶、钡、硼等7种元素。说话声音高低能引起金属片相应的振动,相反,金属片的振动也可以引起声音高低的变化。爱迪生在对电话的改进中,发明制造了世界上第一台留声机。

常见的逆向思维还有就事物依存的条件逆向思考、就事物发展的过程逆向思考、就事物的结果逆向思考。比如,司马光砸缸的故事。有人落水,按照常规的思维模式是“救人离水”,而司马光面对紧急险情运用逆向思维,果断地用石头把缸砸破,“让水离人”,救了小伙伴的性命。再比如,人上楼梯是人走路,而电梯是路走、人不动。在商业营销运作中,做钟表生意的都喜欢说自己的表准,而一个表厂却说他们的表不够准,每天会有1秒的误差,这不但没有失去顾客,反而大家非常认可,踊跃购买。

【案例】 据说大作家托尔斯泰设计了这样一道题:

从前有个农夫,死后留下了一些牛,他的遗书中写明:母亲得全部牛的半数加半头;大儿子得剩下的牛的半数加半头,正好是母亲所得的一半;二儿子得还剩下的牛的半数加半头,正好是大儿子的一半;大女儿分到最后剩下的半数加半头,正好等于二儿子所得牛的一半。结果一头牛也没杀,也没剩余。问:农夫总共留下多少头牛?

试一试:用8根火柴摆成2个正方形和4个三角形(火柴不能弯曲或折断)。

四、侧向思维(旁通思维、横向思维)

侧向思维又称“旁通思维”,它是沿着正向思维旁侧开拓出新思路的一种创造性思维。通俗地讲,侧向思维就是利用其他领域里的知识和资讯,从侧向迂回地解决问题的一种思维形式。

侧向思维富有浪漫色彩,看似问题在此,其实“钥匙”在彼;似乎瞄着问题的核心,答案却在远离核心的一侧。侧向思维的要义在于“他山之石,可以攻玉”,利用事物间的相互关联性，经由常人始料不及的思路达到预定的目标。20 世纪 50 年代，在一次中外记者招待会上，一个外国记者问周总理中国人民银行有多少资金。周总理深知对方是在讥笑中国的贫穷，他从容地答道："十八元八角八分。"（当时人民币票面值有十元、五元、二元、一元、五角、二角、一角、五分、二分、一分，加起来共十八元八角八分）。

历史上甚至有这样的现象，一些人在自己的领域内未见有什么大的进展，而在别的行业却成绩斐然。例如，美国画家莫尔斯发明了电报，美国自行车修理工莱特兄弟发明了飞机，学医的鲁迅、郭沫若却成为文学、史学领域的"大家"，法国园艺学家莫尼哀从植物的盘根错节联想到水泥加固的建筑措施。

纵观世界科学发展史，一些科学奇迹的创造，往往正是通过侧向思维打开传统思维枷锁而取得的。一百多年前，奥地利的医生奥恩布鲁格在思考如何检查出人的胸腔积水时，突然想到了自己父亲。他的父亲是酒商，他只要用手敲一敲酒桶，凭叩击声，就能知道桶内有多少酒。奥恩布鲁格想：人的胸腔和酒桶相似，如果用手敲一敲胸腔，凭声音不也能诊断出胸腔中积水的病情吗？"叩诊"的方法就这样被发明出来了。圆珠笔刚刚在日本被造出时，困扰厂家的最大问题就是书写一阵后圆珠笔会因圆珠磨损而漏油。有的工程师从改进圆珠质量入手，有的则从改进油墨性能入手，但都未能解决漏油问题。青工渡边却从 4 岁的小女儿把圆珠笔用到快漏油时就丢弃不用这一现象中得到启发，建议老板将笔芯做得短些，不等其漏油，油就用完了。这项"无漏油圆珠笔"的小发明，颇受顾客欢迎。

你还能想出哪些侧向思维的案例？

五、多路思维

多路思维是指对一个有多种答案的问题，朝着各种可能解决的方向，去扩散性思考该问题各种正确答案的思维。多路思维要求思考者要善于从不同角度、不同逻辑起点、不同思维程序去一路又一路地想问题，从而形成多方面、多层次、多因素、多变量的整体认识，不要"一条道跑到黑"。

例如，以"电线"为材料，设想它的各种用途。把它和电、信号等联系起来，是作为导体；把它当作绳可以用来捆东西、扎口袋等。但如果把电线分成材质、体积、长度、韧性、直线、轻度等要素再去思考，你会发现电线的用途是无穷无尽的。例如，电线可加工成织针，弯曲可做鱼钩，可以做成弹簧，缠绕加工可以制成电磁铁，铜丝熔化可以铸铜字、铜像，变形加工可以做文字拼图，做运算符号进行运算，等等。

六、组合思维

组合思维又称“连接思维”或“合向思维”,是指把多项看似不相关的事物通过想象加以连接组合,使之变成彼此不可分割的新的整体的一种思维方式,从而使“整体具有单个事物所不具备的新质”,增加了新的功能。

在科学界、商业和其他行业都有大量的组合创造的实例。当然,组合不是随随便便的拼凑,必须是遵循一定的科学规律的最佳组合。

比如:电视 + 电话 = 可视电话;多媒体 = 数据 + 文字 + 图象 + 声音;集成电路 = 电子管 + 电阻 + 电容;台秤 + 电子计算机 = 电子秤;飞机 + 飞机库 + 军舰 = 航空母舰;手枪 + 消音器 = 无声手枪;自行车 + 电机 + 蓄电池 = 电动自行车。

许多科学家认为知识体系的不断重新组合是人类知识不断丰富发展的主要途径之一,从这一角度看,近现代的科学的三次大创造是由三次大组合所带来的。第一次大组合是牛顿组合了开普勒天体运行三定律和伽利略的物体垂直运动与水平运动规律,从而创造了经典力学,引发了以蒸汽机为标志的技术革命;第二次大组合是麦克斯韦组合了法拉第的电磁感应理论和拉格朗日、哈密尔顿的数学方法,创造了更加完备的电磁理论,因此引发了以发电机、电动机为标志的技术革命;第三次大组合是狄拉克组合了爱因斯坦的相对论和薛定谔方程,创造了相对量子力学,引发了以原子能技术和电子计算机技术为标志的新技术革命。所以爱因斯坦说:“……组合作用似乎是创造性思维的本质特征。”

第三节　发散思维的方法

一、材料发散法

该方法是以某个物品为“材料”,以其为发散点,尽可能多地设想它的多种用途。

【案例1】 红砖的用途

从建筑材料方面:盖房子(包括盖大楼、宾馆、教室、仓库、猪圈、厕所……)、铺路面、修烟囱等;

从砖头的质量方面:压纸、腌菜、凶器、砝码、哑铃锻练身体等;

从砖头的固定形状方面:尺子、多米诺骨牌、垫脚等;

从砖头的颜色方面:在水泥地上当笔、画画、磨碎掺进水泥做颜料等;

从砖的硬度方面：凳子、锤子、支书架、磨刀等；

从红砖的化学性质方面：吸水等；

还可以刻成一颗红心献给心爱的人，在砖上制成自己的手、脚印变成工艺品留念。

【案例2】 铅笔的用途

1983年，一位在美国学习的法学博士普洛罗夫在做毕业论文时发现：50年来，美国纽约里士满区一所穷人学校圣·贝纳特学院出来的学生犯罪记录最低。

普洛罗夫用了将近6年的时间对下面一个问题进行调查："圣·贝纳特学院教会了你什么？"他收到了3756份回函。在这些回函中，有74%的人回答，他们在学校里知道了一支铅笔有多少种用途，入学的第一篇作文就是这个题目。

最初，学生都知道铅笔只有一种用途——写字。后来都知道了铅笔不仅能用来写字，必要的时候还能用来替代尺子画线；还能作为礼品送朋友表示友爱；能当商品出售获得利润；铅笔的芯磨成粉后可以做润滑粉；演出的时候可以临时用来化妆；削下的木屑可以做成装饰画；一支铅笔按照相等的比例锯成若干份，可以做成一副象棋；可以当作玩具的轮子；在野外缺水的时候，铅笔抽掉芯还能当作吸管喝石缝中的水；在遇到坏人时，削尖的铅笔还能作为自卫的武器；等等。

圣·贝纳特学校让这些穷人的孩子明白，有着眼睛、鼻子、耳朵、大脑和手脚的人更是有无数种用途，并且任何一种用途都足以使我们成功。

【案例3】 冰箱用途的延伸

在很长一段时期，电冰箱市场一直为美国人所垄断，几乎每个家庭都有，这种高度成熟的产品竞争激烈，利润率很低。当美国的厂商束手无策时，日本人却发明创造了微型冰箱。除了可以在办公室使用外，还可安装在野营车、娱乐车上。于是，全家人外出旅游时，舒适度会大大增加。

微型冰箱与家用冰箱在工作原理上没有区别，其差别只是产品所处的环境不同。日本人把冰箱的使用方向由家居转换到了办公室、汽车、旅游等其他侧翼方向，有意识地改变了产品的使用环境，引导和开发了人们的潜在消费需求，从而达到了创造需求、开发新市场的目的。

想一想：平常被人们丢弃的垃圾，你能想到哪些方式对它们进行利用、变废为宝？

二、结构发散法

该方法是以某事物的结构为发散点，设想出利用该结构的各种可能性。

【案例4】 对联的读法

在北戴河孟姜女庙前墙柱上有一副对联，原文如下：

海水朝朝朝朝朝朝朝落

浮云长长长长长长长消

根据“朝”有两个读法，即表示早晨的“朝”和表示潮水的“潮”，“长”也有两个读法，即表示长短的“长”和表示涨潮的“涨”，3个游客展开了议论。

游客甲说，这对联可读成：

海水潮，朝朝潮，朝潮朝落

浮云涨，长长涨，长涨长消。

游客乙说，这对联可读成：

海水朝潮，朝朝潮，朝朝落

浮云长涨，长长涨，长长消

游客丙说，这对联可读成：

海水朝朝潮，朝潮，朝朝落

浮云长长涨，长涨，长长消

这3个游客的读法都没有错，不过是他们以对联的结构为发散点，进行了不同的处理而已。

想一想：(1)把一盒蛋糕切成8份，分给8个人，但蛋糕盒子里还必须留有1份。

关键：运用发散思维，想出蛋糕盒子的用处可以是多样的。

(2)用10个硬币摆成“十”字形状，要求横线和竖线上各有6个硬币。

三、方法发散法

该方法是以某种方法为发散点，设想出利用方法的各种可能性。

【案例5】 日本有一厂家生产瓶装味精，质量好，瓶子内盖上有4个孔，顾客使用时只需甩几下，很方便。可是销售量一直徘徊不前。全体职工费尽心机，销售量还是不能大增。后来一位家庭主妇提了一条小建议。厂方采纳后，不费吹灰之力便使销售量提高了近1/4。那位主妇的小建议是：在味精瓶的内盖上多钻1个孔。由于一般顾客放味精时只是大致甩个2~3下，4个孔时是这样甩，5个孔时也是这样甩，结果在不知不觉中多用了近25%。

【案例6】 有个叫佛瑞迪的美国青年去求职。当他赶到报考地点时，已有20位求职者排在前面,他是第21位。怎样才能引起老板的特别注意而赢得唯一的职位呢?佛瑞迪沉思了一会儿,终于想出了一个好主意。他在一张纸片上写了几行字,请人交给了老板。老板看后哈哈大笑起来,并且走到他的面前亲切地拍了拍他的肩。请你们想一想纸片上写的是什么字。纸片上写的是:先生,我排在队伍的第21位。在您看到我之前,请千万别忙着作出决定。

四、组合发散法

该方法是以某事物为发散点,尽可能多地把它与别的事物组合成新事物。

【案例7】 1877年的一天,爱迪生将一张画着锡纸圆筒、螺旋杆、带有尖针和薄膜的圆头的图纸交给一个工人去制造。这个工人虽然根据要求把爱迪生需要的东西造了出来,但他却不懂这是个什么东西。当爱迪生把这台"会说话的机器"带到《科学美国人》杂志编辑部去表演时,各报记者都来观看,盛况空前。当爱迪生把尖针放在锡纸圆筒上,转动圆筒,发出记录在锡纸上的说话声音时,大家无不热烈欢呼。这就是爱迪生发明留声机的故事。这也是爱迪生进行组合法思维的结果,几件平凡的东西组合在一起产生了意想不到的效果。

【案例8】 彩色电扇

1952年前后,日本的东芝电气公司曾一度积压了大量的电扇卖不出去,7万多名职工为了打开销路,费尽心机地想了不少办法,依然进展不大。有一天,一个小职员向当时的董事长石坂提出了改变电扇颜色的建议。在当时,全世界的电扇都是黑色的,东芝公司生产的电扇自然也不例外。这个小职员建议把黑色改为彩色。这一建议引起了石坂董事长的重视。经过研究,公司采纳了这个建议。第二年夏天,东芝公司推出了一批浅蓝色电扇,大受顾客欢迎,市场上还掀起了一阵抢购热潮,几个月之内就卖出了几十万台。从此以后,在日本以及全世界,电扇就不再都是一副统一的黑色面孔了。

五、假设推测法

假设的问题不论是任意选取的,还是有所限定的,所涉及的都应当是与事实相反的情况,是暂时不可能的或是现实不存在的事物对象和状态。

由假设推测法得出的观念可能大多是不切实际的、荒谬的、不可行的,这并不重要,重要的是有些观念在经过转换后,可以成为合理的、有用的思想。

六、集体发散思维

发散思维不仅需要用上我们自己的全部大脑,有时候还需要用上我们身边的无限资源，集思广益。集体发散思维可以采取不同的形式，比如“诸葛亮会”“头脑风暴”等。

另外，发散思维的方法还有因果发散法、形态发散法等。因果发散法是以某个事物发展的结果为发散点，推测出造成该结果的各种原因，或者由原因推测出可能产生的各种结果。形态发散法是以事物的形态为发散点，设想出利用某种形态的各种可能性。

第四节　发散思维的培养

发散思维的培养一般从如下四方面入手：一是拓展思维的广度，从更广阔的范围把握事物之间的联系；二是扩大观察范围，为思维注意力的适时转移、分配做好准备；三是培养群体协作精神，集思广益，激励群体的集体智力，开发更多思路；四是避免一味求同，真正体现发散思维的“求异”。

一、培养发散思维的基本技巧

1. 学会思考和冥想

探索各种学习方式，创造新方式，然后进行回顾反思。对于较为理论化的观点，想一想如何将其与生活经验联系起来，以及在以前的尝试中学到了什么。

2. 促使自己用不寻常的角度看待事物

努力这样做，即使有些时候看似有一点儿荒唐。比如，把生活想象成一桌宴席，而你是其中一道菜。然后从各位入席宾客的角度审视桌面。宾客会期待桌子上有什么？如果少了哪些东西会令他们失望？桌上是否有格格不入的物件，比如吹风机？如何使摆盘更引人垂涎，加点什么可以使其更吸引人？

挑战你的想象力，使大脑习惯创新思维，如此一来你会觉得创新越来越简单。

3. 学会提问的方法

发散思维的重点不在于找到答案，而是不断提问以接近答案。提出正确的问题会让你找到想要的东西，困难的是该提哪些问题。越能从差异的角度提出具体的问题，越接近成功。将复杂的问题分解，然后就每一部分提问：“如果这样尝试会有何发现？”

4. 头脑风暴，集思广益

这是构建观点的有效工具。一个观点能生成另一个，不断扩充，你会得到一系列有创意的未经组织的观点。在以小组形式进行头脑风暴时，鼓励每位成员自由思考。无须考虑答案是否实际，努力提出创造性的观点，哪怕它和问题本身联系颇微。不批判任何一个观点，记录所有观点。在产生一长列表观点后，再一一回顾并评判其价值优缺。把头脑风暴得到的观点制作成思维导图，明确各观点之间的联系。

举例来说，假设你的主题是如何创办企业。拿一张纸，在中央写上“创办企业”，把它圈起来。假设你想到4个二级标题：产品/服务、筹资、市场、雇员。从中心的圈延伸出4条线，每条线连接一个二级标题。到这一步应该看起来像小朋友画的太阳。4条线的末尾各画一个圈，把二级标题（即产品/服务、筹资、市场、雇员）依次写入圈中。接着，假设围绕每个二级标题你又想出2个三级标题。例如，“产品/服务”延伸出“裙子”和“鞋子”，“筹资”延伸出“贷款”和“存款”。那么就从二级标题的圆圈延伸出2条线，像有两道光芒的小太阳。2条线的末端画一个更小的圈，把三级标题写入其中。也就是说，“产品/服务”延伸出的2个圈内填写“裙子”和“鞋子”，“筹资”延伸出的2个圈内填写“贷款”和“存款”。

画完思维导图，便可以用其辅助构思行文。这会同时用到发散思维和聚合思维。发散思维提供创造力，聚合思维则有助于分析评估并总结这些创新的观点。想取得最佳效果，就需要综合运用发散思维和聚合思维。二者皆有着重要作用。

二、发散思维案例

【案例1】 米尺面试

有一家公司招聘管理人员，给每位应聘者发了一根米尺，要求测出这幢20层大楼的高度。应聘者有的利用几何知识烦琐地计算，有的爬到楼顶用绳子系上米尺测量……

有一位应聘者来到大楼管理处询问，得到了正确答案，由此入选了。

其实，仅用一根米尺是不可能量出大楼的准确高度的，测试应聘者的应变能力乃是“米尺面试”的目的所在，因为随机应变是一个管理人员应当具备的基本素质之一。

【案例2】 违纪开车

在美国，有明文规定，在城市街道的交叉路口上，有步行者横过公路时，车辆就应停在人行道前等待。可是偏偏有个汽车司机，当交叉路口上还有很多人横过马路时，他却突然撞进人群中，全速向前跑。这时旁边的警察看了也无所谓，并没有责怪他。

你说这是为什么？

【案例3】 猪八戒照镜子

天蓬元帅猪八戒误投猪胎以后，别人说他长得丑，他听了很不服气。

一天，他对着镜子照自己的模样。啊！样子果然丑陋，他赶忙闭上眼睛，用双手把脸遮住。但他还不放心，又把手慢慢松开，睁开眼睛一看，唉——！自己的模样还是那样丑陋。这一下，他气急了，抓起镜子往地下一掷，镜子被摔成了碎片。他瞟着地上大大小小的碎镜片，嘴边露出几丝笑意："哼！我看你还照我不！"

忽然，他发现地上的每一块碎镜片里，都有一个如自己模样的丑八怪。他颓然了。

发散一下：这则材料是一个寓言，故事里面涉及两个"人物"——猪八戒和镜子，它们又各有其正面、反面和侧面。我们可以先抓住其各个方面去思考。然后，从总体上看，这则材料揭示了一个什么道理。最后，再从旁观者的角度去思考，看我们可以从中得到哪些教益。

从猪八戒方面看

(1)肯定的角度

①见丑知羞，救而有望。

②爱美之心，人皆有之。猪八戒爱美无可厚非。

(2)否定的角度

①不该掩饰缺点和错误，因为这本身就是一种更大的错误。

②脸丑莫怨镜子歪，自己有问题要从自己身上找原因。

③一听到批评的声音就大发雷霆，老虎屁股摸不得的态度是要不得的。

(3)鼓励的角度

①生活并非都由美组成，大可不必因此萎靡不振。

②要看到自己的长处，努力发扬自己耐劳的优点。

(4)规劝的角度

①忠言虽逆耳，善听必得益。

②只追求外表美，会损害心灵美。

③与其怒而破镜，不如退而自修。

④对于别人的评头论足，自己大可不必理睬。

(5)提醒的角度

①对别人的话要善听，但不可全信。

②防人之心不可无，当心碰上哈哈镜。

③凡事不要感情用事，还须冷静思考。

(6)吸取教训的角度

要走好人生第一步(猪八戒长得丑,是因为下凡时误投了猪胎)。

从镜子方面看

(1)肯定的角度

①公正无私,正确反映事物的本来面目。

②刚正不阿,"宁为玉碎,不为瓦全"的精神值得赞扬。

(2)否定的角度

①以貌取人要不得。

②攻其一点,不及其余是不可取的。

(3)建议的角度

①与其一味指责,不如帮助改正。

②审美的标准应恰当。(猪八戒和猪相比,还不失为一只"美猪")

③有时,善意的撒谎也是一种美德。

(4)规劝的角度

待人尚须宽以约,看人应当看其长。

(5)吸取教训的角度

只有正确对待别人,才会获得别人的尊重。

第五节　发散思维训练

一、训练的要点

(1)把握好发散思维和想象思维的关系。发散思维和想象思维是密不可分的。所以,我们在做发散思维训练时,应大胆想象,不必担心其结果是否合理、是否有实用价值。

(2)要注意流畅性、变通性和独特性的要求,在训练中要尽量追求独特性。当然,如果一开始产生不了独特性的思维结果也不要着急。从流畅性到变通性再到独特性,循序渐进,逐渐就可以进入较高水平的发散思维状态。

(3)注意跳出逻辑思维的圈子,尽量摆脱逻辑思维的束缚。

二、训练题组

1. 脑筋急转弯

旅行家萨米·琼在周游世界之后，回到他阔别已久的故里。有一次，他向人们讲述了这一路上他的所见所闻。他还向人们提出了10个奇怪的问题：

（1）在非洲的某地，我看到一个人的体内有两颗心脏，并且都跳动得很正常。你说，这有可能吗？

（2）在某一个村落里，所有的人都只有一只左眼。你知道这是什么缘故吗？

（3）有人有过这样一次经历：他乘坐的船驶到海上后就渐渐地沉下去了，但是，船上所有的人都很镇静，既没有人去穿救生衣，也没有人跳海逃命，却眼睁睁地看着这条船全部沉没。这里究竟发生了什么事呢？

（4）一年中有些月份有30天，有些月份有31天。问：有多少个月份有28天？有可能吗？

（5）美国的总统死了，副总统就是总统；那么，副总统死了，谁是总统？

（6）某地正处于雨季，某天夜里12点钟，下了一场大雨。问：过72小时后，当地会不会出太阳？

（7）某君看书逐渐养成习惯，从12月1日开始，他规定自己每天看书20页。12月3日因故没有看书。问：12月1日后的第八天，他读了多少页书？

（8）某个人到外国去了，可是，周围全是中国人，这是怎么回事？

（9）有个男人站在时速300千米的列车顶上，虽然他不是一个会飞檐走壁的超人，但是他仍然显得镇静自若。这是为什么？

（10）有两个孩子，在父母亲的携带下去学校办理新生入学手续。这两个孩子的脸几乎一模一样，出生的年、月、日都相同，而且是同父同母。老师问："你们俩是双胞胎吗？""不是。"两个孩子异口同声地回答道。老师奇怪了，这是怎么一回事？

2. 发散训练

以材料、功能、结构、形态、组合、方法、因果、关系为发散点进行发散训练，以培养创新思维能力。

（1）如果可以不计算成本，还可以用哪些材料做镜子？

（2）要研制新的香皂，你可以设计出哪些香型？

（3）你是否能设计出具有不同的优越性能的多种塑料？

(4)你对电话机的铃声可以做哪些改变?

(5)如果你是服装设计师,你将设计出哪些新颖的裤腿的形状?

(6)如果在自行车上装一个打气筒,可以装在哪些部位?

(7)请你设计出一些形状、大小不同的手表。

(8)要调动学生学习的积极性,有哪些方式可以运用?

(9)每天早晨有许多职工乘汽车上班,交通非常紧张,有哪些办法可以改变这种状况呢?

(10)为了调动企业员工发明创造的积极性,可以采取哪些奖励办法?

(11)对一门课程来说,你认为可以有哪些考试方法?

(12)除了现有的床垫,你还能设计出舒适而方便的床垫吗?

3. 限时训练

(1)数字比较。时间限制:15 秒钟

孩子们一边用手比划着,一边还说着什么,虽听不清他们说的是什么,但可以看出他们指的是 2 比 5 强,5 比 0 强,而 0 又比这个 2 还要强。你说这是怎么回事呢?

(2)放风筝。时间限制:15 秒钟

小明说他一次可以放 5 万个风筝,如果他说的是真的,你觉得他是如何放的?

(3)完全相同的试卷。时间限制:8 秒钟

考生在绝对不能舞弊的考场中参加考试,居然出现了两张完全相同的答卷。那么你认为在什么情况下会出现这种状况?

(4)取球。时间限制:15 秒钟

网球比赛时,网球落入地面上的一个坑洞里,这个坑洞不仅弯弯曲曲,而且也不大,其直径只有 20 厘米左右。手不能伸进去把球取出,因为地面土质又硬又黏,也不好用工具挖掘。你说在不损坏网球的前提下,怎样取出才好?

(5)郊游。时间限制:50 秒钟

露西和丽丽驾着各自的汽车一起去郊外旅游。回来时她们发现每辆汽车只剩下可以走 3 千米路程的汽油,他们距离加油站还有 4 千米,又没有工具可以把一辆汽车的汽油加入另一辆汽车内。你能为她们想个办法到达加油站吗?

(6)傻子赶路。时间限制:10 秒钟

有个傻子在马车上套了一匹马赶路,走了一会嫌太慢,又回家套上了一匹马,可是两

匹马却怎么也拉不动这辆车了。你知道这是怎么回事吗?

(7)过河。时间限制:30 秒钟

有个小孩想跳过一条2 米宽的河,试了几次都失败了。可是后来,他什么工具也没有用就过河了,你知道他用的是什么好办法吗?

(8)折痕。时间限制:30 秒钟

有人想把一张窄长的纸条折叠成两半,结果两次都没折准,第一次有一半比另一半长出1 厘米;第二次恰恰相反,这一半又短了1 厘米。请问:两道折痕之间有多宽?

(9)谁跑得快。时间限制:5 秒钟

一个体长10 厘米的红螃蟹和一个体长20 厘米的黑螃蟹赛跑,谁会赢?

(10)逃狱。时间限制:15 秒钟

有 A、B、C 3 个人被诬陷入狱,囚禁在一座塔楼上。塔楼上除了有一个窗口可用于逃离外,再无其他出路。现在塔楼上有一个滑轮、一条绳索、两个筐子、一块重 30 千克的石头。不过只有在一个筐子比另一个筐子重6 千克的情况下,两个筐子才可以毫无危险地一上一下。已知 A 的体重为78 千克,B 的体重为42 千克,C 的体重为36 千克。

这三个人怎样借助塔楼上的工具逃离呢?

(11)3 个心愿。时间限制:15 秒钟

一位贫穷的妇女救了一个妖怪。为了表示感谢,妖怪说可以满足她3 个愿望,但妇女所得到的,她的丈夫都可以得到双倍。比如,妇女要一笔钱,她的丈夫就可以得到两笔。她要一幢房,她的丈夫就可以得到两幢房。但她的丈夫是一个恶棍,做了很多伤天害理的事情,她实在不愿意再给他更多的好处了,那么她应该提出什么要求呢?

(12)谁更胖?时间限制:15 秒钟

两个朋友外出旅游,夜晚在一家旅馆过夜。谈到了体重的问题,两个人都认为自己比对方瘦,但到底谁更胖呢?看来只有称一称才知道了。于是他们向旅馆借体重秤,可旅馆只有一台小磅秤,而且最多只能称20 千克的物品。这该怎么办呢?

其中一人拿来一些小小的道具,就把问题解决了。你知道他是怎么做的吗?

4. 多角度立意

(1)以“小草”为话题进行发散性的思维活动

①小草与大树:小草虽然没有大树的粗壮和繁茂,但它不会自卑,而是默默地生长。由此联想到人的不妄自菲薄。

②小草生长在石缝或屋顶，生存空间很小，而且风吹雨打，但它仍然坚强；小草虽经严冬而枯萎，但“春风吹又生”。由此联想到生命力旺盛或虽历经险恶而壮心犹在。

③一棵小草—无数小草—草地，由此联想到加强绿化、美化环境。

④小草—足球场—世界杯，由此联想到默默无闻、甘于奉献。

⑤从草药治病救人联想到物虽小而价值不小，或要善于发现、善于利用。

⑥从咏草的诗文，如“草木有本心，何求美人折”“野火烧不尽，春风吹又生”等联想到洁身自好、进德修业……

(2)以“水”为话题进行发散性的思维活动

①从一滴滴的水汇成大海，联系到重视积累。

②一滴水与大海：从一滴水置于阳光之下很快便蒸发，但如果汇入大海就永远存在的角度联系到个人与集体的关系。

③从一滴水也能反射太阳的光辉联系到于细微之处也能见精神。

④从水与鱼儿的关系，联系到军民鱼水情、干群鱼水情。

⑤从水与船的关系，即水能载舟也能覆舟，联系到得民心与失民心。

⑥从水虽是液体却能冲决堤围、冲垮桥梁、毁坏公路，其柔弱身躯却有如此力量，联系到柔能克刚。

⑦从水装在什么样的盛器之中它就成为什么样的形状，联系到要善于适应环境，随遇而安。

⑧从水遇冷结成冰，变为冰山、冰川；遇热变为水蒸气，变为云霞，甚至变为海市蜃楼，联系到善于应变。

⑨从喝水想起挖水人，联系到不能忘本。

⑩从清水与污水，即水资源受污染的角度，联系到环保、净化。

⑪从缺水到送水，如台湾金门缺水，大陆送去及时水的故事，联系到两岸人民情长。

⑫从缺水到人工降水，联系到科学与生活、生产。

⑬从其他有关水的故事，如治水抗涝等，联想到人的思想品格、精神风貌……

发散思维学案

一、思维导图

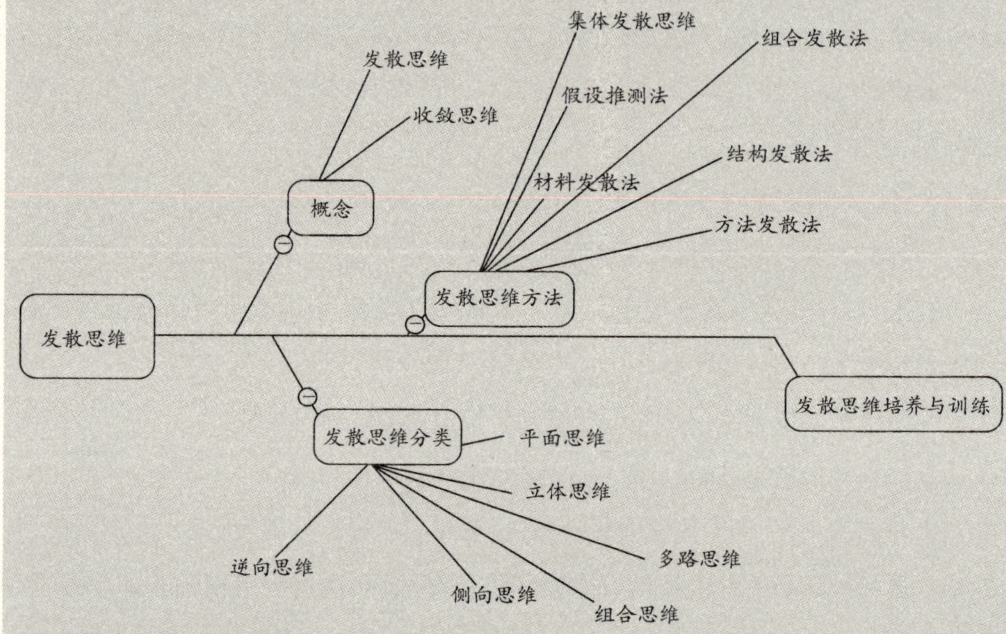

二、基础夯实

1. 发散思维是在思维过程中，从某一目标出发，沿着不同方向、不同角度去思考，探求多种解答或者得出多种结果的思维方式。发散思维可以________人们头脑中固有的逻辑框架，使思维呈现出________状，由一事想万事，从一物思万物，构成较大的思维空间，得到更多有新意的答案。

2. 发散思维的基本特性有流畅性、______、______。

3. 发散思维培养中要掌握的基本技巧：学会______、促使自己用不寻常的角度看待事物、______、______、集思广益。

创意项目表

<table>
<tr><td>姓　名</td><td></td><td>年级、班级</td><td></td></tr>
<tr><td>创意名称</td><td colspan="3"></td></tr>
<tr><td colspan="4">项目内容描述及配图</td></tr>
<tr><td colspan="4"></td></tr>
</table>

第七章　两面神思维

第一节　两面神的对立与统一

在古罗马神话中，门神杰纳斯（Janus）有前、后两张面孔，无论你从任何方向来，都躲不过他的视线，因而人们称他为“两面神”；又因他既能回顾过去又能眺望未来，人们便选择他的名字作为1月（January）的月名。后来科学家把从两个方向观察、比较、分析客观事物，称为“两面神思维”。

两面神思维指的是同时积极地构想出两个或多个同时存在的相反的或对立的概念、思想和印象，在违反逻辑或违反常规法则的情况下，创造主体制定了两个或更多并存和同时起作用的相反物或对立面，从而产生了全新的概念和创造。它具有如下特征：

（1）两面神思维有明确目标，是一种积极的思维形式，不是一般意义上的联想。

（2）两面神思维特别关注对立的事物或相反的事物，不会被事物的一些现象分散注意力。

（3）两面神思维常在看似不合逻辑的情况下提出合乎逻辑的假设。

两面神思维实质上是一种从对立之中去把握新的更高级的统一的辩证思维方法，这种善于从差异中求统一，或从相反的两极来构想统一的积极思维，是一种高级的创造性思维。

【案例1】　一位聪明、美丽的少女因父亲欠了高利贷者的钱无力还债，将面临严酷的选择：高利贷者从地上一堆黑白石子中拣出2块投入布袋，命令少女摸取其中1块，如果是白色的，少女父亲所欠的债务就全部勾销；如果摸取的是黑色的石子，少女就要嫁给高利贷者为妾，不然就将少女之父送官严办。少女机警地发现高利贷者投入袋中的石子均为黑色，此时，面临噩运的少女怎样做才能既救了老父又救了自己，而且令狡猾的高利贷者在众多围观者面前心甘情愿地服输呢？

答案:少女装作顺从,恐惧地、战战兢兢地摸出1块石子,故意手一抖,使石子落到了石堆中,少女说:“看看剩下的1块石子是何种颜色,我摸到的石子不就是另一种颜色了吗?”

结论:在“聪明的少女”的故事中,从少女的思维过程来看,明显存在着与常规的思维过程有所不同、具有独特意义的思维方式和思维方向。这就是一种两面神思维。

【案例2】 鲶鱼又叫“鲇鱼”,鱼身光滑有刺,好动善钻,常使别的鱼不得安宁,而沙丁鱼密集群息,喜欢紧靠在一起。渔民将捕捞的沙丁鱼拿到市场出售时,常常是鱼已经死了,唯独有一个老渔民能出售鲜活的沙丁鱼,生意自然很好。别人问他,他总是笑而不答,临终前才把奥秘口传给其儿子——只要在沙丁鱼群中放入几条有刺好动、不安分的鲶鱼即可。

结论:道理很简单,沙丁鱼好静不好动,捕后挤在一起因缺氧而死;鲶鱼好动不安分,身上又有刺,以动制静,沙丁鱼也动了,也就存活得久了。大自然中充满了对立与统一,鲶鱼和沙丁鱼习性相反产生了转化,形成了生物在存活上的统一。

第二节 两面神思维的表现形式

两面神思维的表现形式有4种,如图7-1所示。

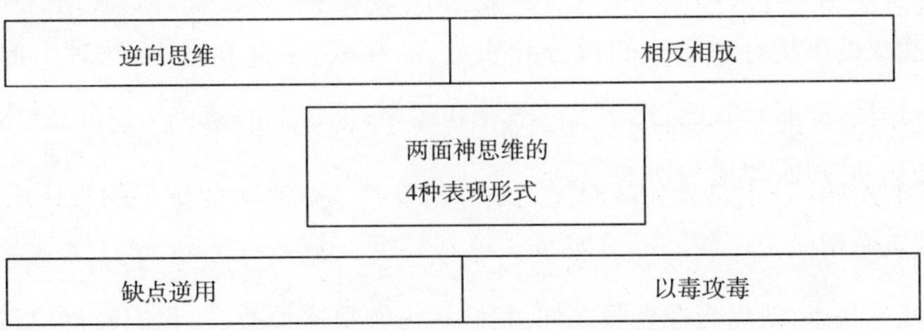

图7-1 两面神思维的4种表现形式

一、逆向思维

逆向思维就是不采用人们通常思考问题的思路,而是反过来,从对立的、相反的角度和途径去思考问题。

例如,数学中用到的反证法,化学、生物学里面的条件劣化法等都是逆向思维。

现实生活中的事物和现象,都有正、反两个方面,我们通常只看到或者只利用其中的一面,而对于事物相反的方面则视而不见或不加考虑。如果我们能有意识地寻找事物的对立面,就会创造出新的概念。

两面神思维主要进行的是逆向思考,表现为反向法。这种从事物的对立、颠倒、相反的角度寻找突破口的办法,常常能打破常规,突破习惯性思维,取得发明和变革的成功。反向法是运用事物的属性来获得成功的,如把顺序、结构形状、状态、功能等反过来。

(1)顺序反向:指的是空间的左与右、前与后、上与下;时间的先与后、滞后与超前、快与慢、主与次等。

(2)结构形状反向:指的是内与外、对称与非对称、平面与立体、方与圆、大与小、反与正、零与整、多与少等。

(3)状态反向:指的是黑与白、美与丑、真与假、正与负、长与短、好与坏、是与否、有与无、生与死、苦与乐、悲与喜、有利与有害等。

(4)功能反向:指的是有作用与无作用、施主与受主、你动与他动、难与易、劣化与优化等。

二、相反相成

相反相成是指有意识地将对立面联系起来,完成了这一联系,对立的性质就不会起破坏作用,反而能起建设性作用。二者相互联系,相互转化,对立中的单方面性质会在联系中消失,出现事物的新功能和新作用。

相反相成的事物有数学上的微分和积分、加和减、乘方和开方;物理上的凝固和溶化、吸引和排斥、膨胀和收缩;化学上的氧化和还原;生物上的遗传和变异;技术上的除锈和镀膜、加热和冷却、焊接与切割……

三、缺点逆用

缺点就是缺点,缺点当在克服之列,我们从小就受这种教育,我们时常检讨自己存在的缺点,并努力克服自己的缺点。但用两面神思维来仔细想一下,难道缺点就没有利用价值吗? 对缺点进行认真的研究,就能发现与缺点相伴但对创造主体有用的价值。这就是缺点逆用,其要点是充分发挥缺点并为我所用。

(1)将缺点看成是一种可应用的属性或把缺点置于人的控制之下,变害为利。

例如,宾馆、超市等公共场所,入口处的地面由于经常受到人们的踩踏,时间长了会出现凹痕,这是缺点。有人就设想用一种可微量上下移动的特制踏板,来收集人脚踏的动能来发电，据说产生的电量可解决全部的室内照明用电。这样踩踏造成的缺陷就不再是缺点了，因为它可以逆用。

(2)改变使用方式、场合和目的，缺点可变优点。

李逵粗鲁莽撞，力大无比，情急之下常会惹事生非，这些缺点着实让梁山头领恼火。但是让李逵冲锋陷阵打先锋或劫法场，这时的李逵则会是个骁勇善战的大将。

四、以毒攻毒

以毒攻毒就是用甲的缺点制伏乙的缺点，即用“毒”一制“毒”二。蜈蚣、蝎子都有毒，但用来治疗抽搐、口歪眼斜则有奇效；毒蛇的毒液有剧毒，但将蛇毒制备成药品可溶致瘫的血栓；科学工作者制造出的一种振幅相同、相位相反的反噪声，抵消了危害人类的噪声……

此外，“欲擒故纵”，“明修栈道，暗度陈仓”，“空城计”，“以己之矛，攻己之盾”，法拉第的电磁转换理论，从“生发灵”想到“脱发灵”而发明的绵羊脱毛注射液，羊毛不用剪，注射脱毛液后，便可自动全部脱落，司马光砸缸救友，等等，都是两面神思维的具体表现形式。

第三节　逆向反求创造方法——两面神思维的应用

反求创新是按照逆向思维的方式来进行创新的方法，又称“乘负法”。通俗地讲，就是“反过来想一想”的意思。这是指为了达到某一目标，人们将通常考虑问题的思路反转过来，以悖逆常规、常理、常识的方式，出奇制胜地找到解决问题的良策。

逆向创新的途径一般包含对功能、结构、因果作逆向反转、心理逆反、常规悖逆、重点转移、还原分析、缺点逆用等诸法。

一、反过来看问题：逆向反转法

1. 功能性反转

这是指从现有事物的相反功能去设想或寻求解决问题的新途径，它既可以是功能的直接反转，也可以是功能提供方式的反转。

2. 结构性反转

这是指从已有事物的相反结构形式去设想和寻求解决问题的一种思路。

3. 因果关系反转

这是指通过改变已有事物的因果关系来引发创意和解决问题的新思路。

二、创新是对常规的悖逆:悖逆常规法

知识的学习与经验的积累常常在人们头脑中形成各种常识、常规、常理,这对认识世界、指导实践无疑是必要并有益的,但对于创新思维来讲,却可能是一种枷锁或障碍。

创新实质上就是在对习以为常进行质疑、对循规蹈矩进行突破、对天经地义的事情进行反叛等过程中产生的。

我国青年速算家史丰收创造的速算法也是一种悖逆常规的创造。传统的算术都是从低位算向高位,他却反其道而行之,从高位算到低位,一次获得答案,运算速度甚至可以超过计算器。

例如,戒烟的方法——“快速吸烟法”。该方法不是让戒烟者不吸烟,而是让他多吸快吸,一秒钟吸一口,连吸多支烟,使之产生令人厌恶的身体反应,从而达到戒烟的目的。

试看,每当一些实力雄厚、设备精良的大企业、大公司开发骨干产品时,便有力薄势单的小企业借光发财,推出众多的配套用品。例如,电冰箱一普及,什么保鲜纸、保鲜盒、去味除臭剂、冰箱架子、家用酸奶器、制冰盒等应有尽有。

什么是逆反心理?怎样利用它?

三、大有用处的逆反心理:逆反心理法

诸葛亮的《空城计》是大家熟知的历史故事。诸葛亮机敏过人,知己知彼,在完全洞悉司马懿心理的前提下,一反谨慎处事的常态,空城洞开,悠闲抚琴,以此退敌。

这就是逆反心理的利用,以悖逆常规的心理状态来决策处事,在管理及军事上都有特殊意义。

在“香港回归”的日子里,醒目的告示用的是倒数计时;在一些科技新闻片中,卫星发射、氢弹引爆等的指挥中心,用的也都是倒数计时。倒数计时清晰、直截了当,它在无形中会给人以紧迫感,催人奋进,于是,勤奋代替了懒散,务实代替了空谈,高效率代替了扯皮。

类似地,故意把商店广告写得文句不通、白字不少,使顾客误以为老板决非精明狡诈之徒而乐意光顾;明明牌子上写的是白马商店却画了匹黑马,会勾起行人的好奇心而驻足;大好的商品却偏偏冠以“傻子瓜子”“狗不理包子”“傻瓜电脑”等,结果居然引人注目而“丑名远扬”。

生活在现代社会中的人们未必都对现代化产品感到满足，对大都市的五光十色、方便舒适心生腻烦后往往会萌生复古的念头与对大自然的追求。

四、司马光砸缸：重点转移法

孩子掉进水缸里，按照常规思维，是要赶快把孩子从水缸里拉出来，换句话说，是让人离开水，这样性命才能保住。“人离开水”其实是我们长期养成的一种固有思维方式。但司马光的头脑中没有那么多定势的东西，他认为“让水离开人”同样也可以救人的命。这就是从问题的反面去思考的成功范例。

在创新活动中，常常会遇到这样的情况：当某一课题或目标从一个主攻方向久攻不克时，人们可试图改变方向，把问题的重点从一个方面转换到另一个方面，这样便有可能开辟新的思路，使问题迎刃而解。

五、化弊为利：缺点逆用法

世界上的事物无不具有两重性。“以毒攻毒”就是我国中医宝库中出奇制胜的方略。技术史上一些别具一格的创新，也不乏采用这种“以毒攻毒”思路者。例如，金属的腐蚀本来是件坏事，但有人却利用腐蚀的原理发明了蚀刻和电化学加工工艺。机械的不平衡转动，会产生剧烈的振动，利用它，有人发明了夯实地基的蛤蟆夯等。

在创新活动中，利用事物的缺点化弊为利的方法，就称为“缺点逆用法”。巧妙地利用事物的缺点，化腐朽为神奇，寻找新的技术创新。

可见，事物的缺点本身具有双重功用：一方面，可以引导研究者通过克服缺点做出发明或革新；另一方面，可以引导研究者去寻找化弊为利的途径，产生新的技术创新。

缺点逆用法的实施步骤可分三步，其中第二步最为关键。

第一步，探寻事物可以利用的缺点，此乃缺点逆用法的前提。

第二步，透过现象，认清缺点的本质，抽象出这种被视为缺点的现象背后所隐藏的可以利用的基本原理或表现为缺点的现象本身的特性、行为、作用过程等。

第三步，根据所揭示的现象背后的基本原理或对现象本身特性等的认识，研究利用或驾驭缺点的方法。

两面神思维学案

一、思维导图

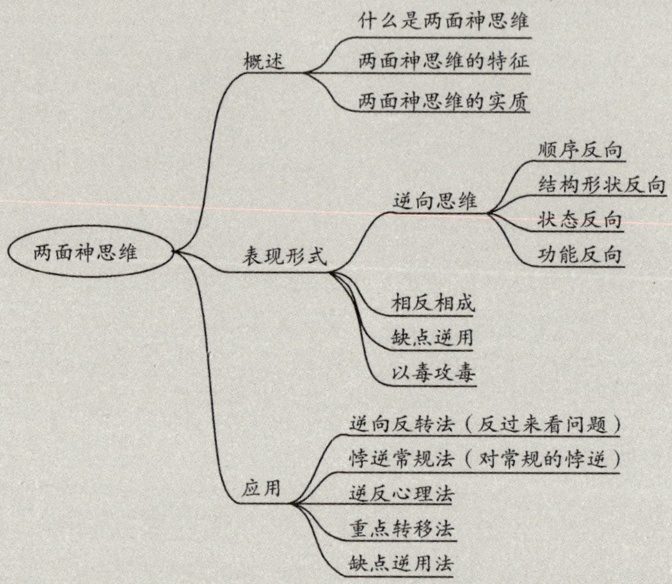

二、基础夯实

1. 两面神思维指的是同时积极地构想出________同时存在的相反的或对立的________________，在违反逻辑或违反常规法则的情况下，创造主体制定了__________并存和同时起作用的______________，产生了全新的概念和创造。

2. 两面神思维______________________，是一种积极的思维形式，不是一般意义上的__________；两面神思维特别关注对立的事物或__________，不会被事物的一些现象分散__________；两面神思维常在看似不合逻辑的情况下提出__________的假设。

3. 两面神思维实质上是一种从对立之中去把握__________更高级的统一的辩证思维方法，这种善于从__________中求统一，或从相反的__________来构想统一的积极思维，是一种高级的创造性思维。

三、思维训练

1. 如图 7－2 所示，在河宽为 100 米的两岸分别有 A、B 两点，请问在河的哪个部位建桥会使 A、B 两点的距离最短？当然河宽是一定的，而且桥也不能斜建。

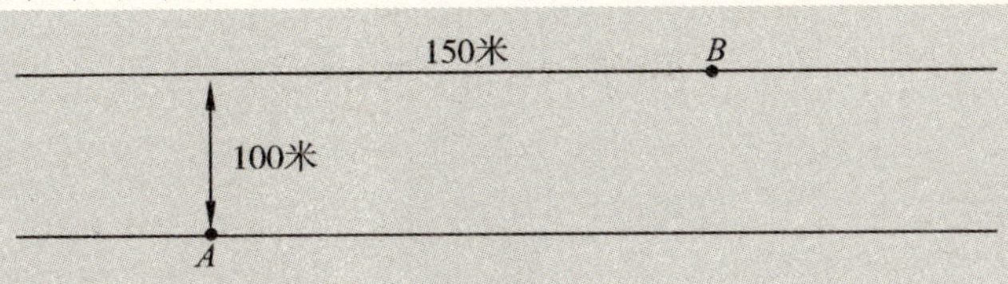

图7－2

2. 有一次,美洲草原上失火了,烈火借着风势,无情地吞噬着草原上的一切。那天刚巧有一群游客在草原上玩,一见烈火扑来,个个惊慌失措。幸好有一位老猎人与他们同行,他一见情势危急,便喊道:“为了我们大家都有救,现在听我的。”在老猎人的指导下游客们顺利地脱离了险境,请你分析一下他们是用什么办法逃离险境的。

创意项目表

<table>
<tr><td>姓　名</td><td></td><td>年级、班级</td><td></td></tr>
<tr><td>创意名称</td><td colspan="3"></td></tr>
<tr><td colspan="4">项目内容描述及配图</td></tr>
<tr><td colspan="4"></td></tr>
</table>

第八章　辩证思维

第一节　什么是辩证思维

一、辩证思维的概念

辩证思维是反映和符合客观事物辩证发展过程及其规律性的思维。辩证思维的特点是从对象的内在矛盾的运动变化中,从其各个方面的相互联系中进行考察,以便从整体上、本质上完整地认识对象。辩证思维运用逻辑范畴及其体系来把握具体真理。辩证思维既不同于那种将对象看作静止的、孤立的形而上学思维,也不同于那种把思维形式看作既成的、确定的形式逻辑思维。

辩证思维是指以变化发展的视角认识事物的思维方式,通常被认为是与逻辑思维相对立的一种思维方式。在逻辑思维中,事物一般是“非此即彼”“非真即假”,而在辩证思维中,事物可以在同一时间里“亦此亦彼”“亦真亦假”而无碍思维活动的正常进行。

辩证思维是唯物辩证法在思维中的运用,唯物辩证法的范畴、观点、规律完全适用于辩证思维。辩证思维是客观辩证法在思维中的反映,联系、发展的观点也是辩证思维的基本观点。对立统一规律、质量互变规律和否定之否定规律是唯物辩证法的基本规律,也是辩证思维的基本规律,即对立统一思维法、质量互变思维法和否定之否定思维法。

二、辩证思维的特点

客观性、全面性及深刻性是辩证思维的根本要求和基本特征。

辩证思维在创新活动中有统帅、突破和提升的作用。

1. 统帅作用

世界上的各种具体事物不但具有无限复杂性,更重要的是还具有多层次性。要深刻地认识事物,必须透过“直接的现象”看出事物的本质。应用唯物辩证法原理可以揭露事物内部深层次的矛盾,从哲学的高度提供世界观和方法论。辩证思维把各种思维方式和思维规律有机地融为一体,灵活地加以运用,在更高层次上统帅其他思维方式。

2. 突破作用

在创新活动中，经常会遇到困难，发现不了主要问题，或者是提供不出解决问题的有效方案，也就是出现了“僵局”。辩证思维可以从“事物是普遍联系的、是发展变化的”认识出发，从正、反两个方面切入，分析事物内部矛盾双方对立统一的关系，抓住主要矛盾或矛盾的主要方面，找到解决问题的关键，起到突破“僵局”的作用。辩证思维是打破“僵局”的有力武器。

3. 提升作用

人们对事物的认识总有一个由浅到深、由感性认识到理性认识的过程。在创新活动中，不论运用什么方法，也不论取得的成果大小，都需要进行总结概括，上升为理论。辩证思维就可以用来帮助全面总结创新思维成果，提升对成果的认识价值，扩大成果的应用，以及把众多的创新成果变为人类文明的共同财富。

【案例 1】 拾到金子

古时候，有个乞丐拾到了一大块金子，他把金子化整为零，分成 30 块，藏在各处，要用的时候，就拿一小块。于是，他先换行头，然后买来房子，置了田产，又娶了老婆，再后来又认真读书、当了官，成为了一个体面的人。

有天晚上，他吃完宴席回来，看到门前有一个乞丐，一条腿断了，衣衫褴褛，在寒风中煞是可怜，有气无力地对他说：“先生，你行行好吧，我就要死了，只要你给我养老送终，我一定给你一个意外的惊喜。”

他想起当年做乞丐时的悲凉，同情心顿起，让随从把他抬到家里去，让人给他洗澡换衣，做饭喂药……

那天，奄奄一息的乞丐从怀里摸出一个包裹，感激地对他说：“你真是个好人，我死了，这个就归你。”

打开一看，他眼睛都直了，是一大块金子，和他当年拾到的一模一样。

乞丐接着又说：“原来我有房有地，也是个体面人……”后来，又指着那金子说：“自从我拾到了它，有人看我整天神神秘秘的，以为我一定发了意外之财，就盯着我，为了得到宝贝，一伙人还打断了我的腿，为了保住这个宝贝，后来我就东躲西藏，过上了不安定的生活，最后沦落到这个地步。”

一个乞丐拾得金子，因为适时地用出去，而成就了自己的人生；一个体面的人拾得金子，为了保全而费尽心机，最终沦落为乞丐。财富就是这样捉弄人。

因此，当我们拥有财富时，我们要把它适时地用出去，而不能吝啬，当个守财奴。

【案例2】 我只要比你跑得快

有两个人在森林里遇到了一只大老虎。A赶紧从背后取下一双更轻便的运动鞋换上。B心急如焚，骂道："你干嘛呢，再换鞋也跑不过老虎啊！"

A说："我只要跑得比你快就好了。"

第二节 辩证思维的方法

一、归纳与演绎

归纳和演绎是最初也是最基本的思维方法。归纳是从个别上升到一般的方法，即从个别事实中概括出一般的原理。演绎是从一般到个别的方法，即从一般原理推论出个别结论。归纳和演绎的客观基础是事物本身固有的个性和共性、特殊和普遍的关系。归纳和演绎是方向相反的两种思维方法，但两者又是互相依赖、互相渗透、互相促进的。归纳是演绎的基础，作为演绎出发点的一般原理往往是归纳得来的；演绎是归纳的前提，它为归纳提供理论指导和论证。在实际的思维过程中，归纳和演绎是相互推移、交替使用的。归纳和演绎都具有局限性，单纯的归纳或演绎还不能揭示事物的本质和规律，需要运用更为深刻的其他思维方法。

【案例】 老外嘲笑十二生肖，中国人的反问让他们目瞪口呆

一位中国人参与接待了一个由欧洲贵族组成的参访团。他们团中的大多数跟王族有亲戚关系，非常有学问和修养，待人彬彬有礼，但他们的修养背后隐藏着一种傲慢。最后一天聚餐时，可能是酒喝多了，这些贵族的言谈举止变得比较率性。席间，一位德国贵族站起来说："你们中国人，怎么属什么猪啊，狗啊，老鼠啊！不像我们，都是金牛座、狮子座、仙女座……真不知你们的祖先是怎么想的！"众人听了哈哈大笑，还互相碰杯，先前的优雅完全不见了。

这时，这位中国人站了起来，他用平和的语气说："是的，中国人的祖先很实在。我们的十二生肖两两相对，六道轮回，体现了我们祖先对我们的期望和要求。"这时，现场气氛慢慢安静了下来，不过，贵族们的脸上还是一副满不在乎的神情。

中国人说："第一组是老鼠和牛。老鼠代表智慧，牛代表勤奋，智慧和勤奋一定要紧紧结合在一起。如果光有智慧，不勤奋，那就变成了小聪明；而光是勤奋，不动脑筋，那就变成了愚蠢。这两者一定要结合，这是祖先对我们的第一组期望和要求，也是最重要的一组。"

“第二组是老虎和兔子。老虎代表勇猛，兔子代表谨慎。勇猛和谨慎一定要紧紧结合在一起才能做到胆大心细。如果勇猛离开了谨慎，就变成了鲁莽；而没了勇猛，谨慎就变成了胆怯。这一组也非常重要，所以放在第二位。”中国人看着这些贵族，补上一句，“当我们表现出谨慎时，千万不要以为我们没有勇敢的一面。”

看着大家陷入沉思，中国人继续说：“第三组是龙和蛇，龙代表猛，蛇代表柔韧。所谓刚者易折，太刚了容易折断，但是，如果只有柔的一面就易失去主见，所以，刚柔并济是我们的祖训。”

“接下来是马和羊，马代表勇往直前，羊代表和顺。如果一个人只顾自己直奔目标，不顾及周围环境，必然会和周围环境不断磕碰，最后不见得能达到目标。但是，一个人光顾及和顺，他可能连方向都迷失了。所以，勇往直前的秉性，一定要和和顺紧紧结合在一起，这是祖先对我们的第四组期望。”

“再接下来是猴子和鸡。猴子代表灵活，鸡定时打鸣，代表恒定。灵活和恒定一定要紧紧结合在一起。如果你光灵活，没有恒定，再好的政策也得不到收获。一方面具有稳定性，保持整体和谐和秩序，另一方面又能在变通中前进，这才是最根本的要旨。”

“最后是狗和猪。狗代表忠诚，猪代表随和。如果一个人太忠诚，不懂得随和，就会排斥他人。反过来，一个人太随和，没有忠诚，就会失去原则。无论是对一个民族的忠诚，还是对自己理想的忠诚，一定要与随和紧紧结合在一起，这样才容易保持内心深处的平衡。”

解释完毕，中国人说：“最后，我很想知道你们的水瓶座、射手座等星座体现了你们祖先对你们的哪些期望和要求，希望赐教。”这些贵族们很长时间都答不上话，全场鸦雀无声。

二、分析与综合

这是更深刻地把握事物本质的思维方法。分析是在思维过程中把认识的对象分解为不同的组成部分、方面、特性等，对它们分别加以研究，认识事物的各个方面，从中找出事物的本质；综合则是把分解出来的不同部分、方面按其客观的次序、结构组成一个整体，从而达到认识事物整体的目的。分析和综合的客观基础是事物的整体与部分、系统与要素之间的关系。分析和综合是两种相反的思维方法，但它们又是统一的，相互联系、相互转化、相互促进的。分析是综合的基础，没有分析就没有综合；综合是分析的完成，离开了综合就没有科学的分析。分析和综合的统一是矛盾分析法在思维领域中的具体运用。

三、抽象与具体

抽象和具体是辩证思维的高级形式。抽象是对客观事物某一方面本质的概括或规定;思维具体或理性具体是在抽象的基础上形成的综合,它不同于感性具体,感性具体只是感官直接感觉到的具体,而理性具体则是在感性具体基础上经过思维的分析和综合,实现对事物多方面属性或本质的把握。由抽象上升到具体的方法,就是由抽象的逻辑起点经过一系列中介,达到思维具体的过程。

四、逻辑与历史的统一

由抽象上升到具体的逻辑思维过程同客观事物的历史过程和认识的历史过程应当符合,也就是逻辑和历史的统一。逻辑指的是理性思维或抽象思维,它以理论的形态反映客观事物的规律性。历史包括两层意思:一是指客观现实的历史发展过程,二是指人类认识的历史发展过程。真正科学的认识是现实历史发展的反映,要求思维的逻辑与历史的进程相一致。历史是逻辑的基础和内容,逻辑是历史在理论上的再现,是“修正过”的历史。逻辑和历史的一致是辩证思维的一个根本原则。

(1)联系法:就是运用普遍联系的观点来考察思维对象的一种观点方法,是从空间上来考察思维对象的横向联系的一种观点方式。

(2)发展法:就是运用辩证思维的发展观来考察思维对象的一种观点方法,是从时间上来考察思维对象的过去、现在和将来的纵向发展过程的一种观点方式。

(3)全面法:就是运用全面的观点去考察思维对象的一种观点方法,即从时空整体上全面地考察思维对象的横向联系和纵向发展过程。换言之,就是对思维对象进行多方面、多角度、多侧面、多方位的考察的一种观点方法。

第三节　辩证思维的应用

一、非此即彼法

【案例1】 在古希腊流传着这样一个故事,有一位年轻人决心以演讲为终身职业,这个选择遭到了他父亲的强烈反对。父亲对他说:“孩子,你可得当心!你选择演讲作为终身职业是不会有好结果的。说真话吧,富人显贵们会恨死你;说假话吧,贫民们不会拥护你。可是既然要演讲,你就得说真话,或是说假话。因此,你不是遭到富人显贵们的憎恨,就是遭到贫民们的反对。总之,做演讲家是有百弊而无一利啊!”

儿子听了,莞尔一笑,不紧不慢地回答说:“父亲,您不用担心。如果我说真话,那么贫民们就会赞颂我;如果我说假话,富人显贵们就会拥戴我。我不是说真话,就是说假话,因此不是贫民们赞颂我,就是富豪显贵们拥戴我,我又何乐而不为呢?"

二、对立统一法

对立统一法是由辩证思维的对立统一规律转化而来的一种规律方法,是对立统一规律在思维中的运用。其基本内容是:辩证思维应当通过揭示思维对象自身统一中的对立和对立中的统一,从而具体地把握思维对象的辩证本性。

【案例2】 汉景帝时,御史大夫晁错为了巩固中央集权,消除藩王割据的被动局面,提出"削藩"的建议,为汉景帝所采纳,开始削夺各藩王的封地。此举大大触犯了刘姓藩王的利益。不久,吴、楚等七国以"诛晁错,清君侧"为名,发动武装叛乱。晁错被政敌借机攻击中伤,为景帝所杀。其实在中央政权与地方藩王的斗争中,晁错的主张是完全正确的。即使不削藩,吴楚七国也会伺机反叛。但削藩确实也更加刺激了他们。

到了汉武帝时期,削藩一事又被提上了议程,但武帝恐重蹈"七国之乱"的覆辙。这时有一大臣献策,这次削藩不采取由中央政府将各藩王封地削减剥夺的办法,而是将其作为藩王们的内部事务处理,实行推恩,即废除以往封地只许藩王长子一人继承的规定,各诸侯王可以根据自己的喜好分封诸子弟为侯。武帝采取了建议,颁布了"推恩令",诸王皆大欢喜,而推恩越广,封侯越多,藩国的封地就越小,也越分散,名存实亡,再也无力与中央政权相抗衡。

在如何削弱各藩国的力量,加强中央集权这一问题上,晁错的主张肯定是对的,但是在具体的策略上,他是失败的。到了汉武帝时期,其实主张与目的仍然是一样的,但由于采取了不同的思维方式,结果也就大大不同了。地方藩国与中央集权是对立的,前者越强大,对于后者的威胁也就越大,可是直接剥夺显然是行不通的。那么能不能找到一种更可行的办法,既不直接剥夺藩王的封地,又能巩固中央集权呢?"推恩令"就集中体现出了这一点,既维护了现有各藩国的利益,又能巩固中央集权,既对立又统一,问题也就顺利解决了。

三、质量互变法

质量互变法是由辩证思维的质量互变规律转化而来的一种规律方法,是质量互变规律在思维中的运用。其基本内容是:辩证思维应当依据思维对象的辩证法,通过从量变到质变和从质变到量变两种基本形式,从而具体地把握思维对象。

【案例3】 美国某小镇上有一位老奶奶,她曾是一位优秀的园丁。一天,老人在报纸上看到一条消息,园艺所要花重金购买纯白的金盏花。老奶奶想:金盏花除了金色的,就是棕色的。白色的？不可思议。不过我为什么不试试呢？

她对她的儿女们讲了她的想法，却遭到一致反对。老奶奶决心一个人干下去。她撒下金盏花的种子，精心侍弄。金盏花开了，全是橘黄的。老奶奶在它们中间挑选了一朵颜色稍淡的花，任其自然枯萎，以取得最好的种子，第二年把它们栽种下去。然后，再从花朵中挑选颜色最浅淡的种子栽种……一年又一年，春种秋收，循环往复，老奶奶一直坚持着。

20 年过去了，有一天早晨，她来到花园，看到一朵金盏花开得异常灿烂。它不是近乎白色，也不是像白色，而是如银如雪的纯白。

她把 100 粒种子寄给了那家 20 年前悬赏的机构。等待的日子长达一年，因为人们要用那些种子验证。终于，园艺所所长给老奶奶打来电话，说："我们看到了你的花，它是雪白的。"

这个故事非常清楚地告诉了人们质量互变的思维方法。老奶奶用 20 年的时间来进行选择、种植、收获，再选择、再种植、再收获，终于由金色的花培植出了纯白的金盏花。

四、转化法

【案例 4】 多年前，英国首都伦敦地下铁道的站台入口处安装了世界上第一部电动活动楼梯。这本来是件极好的事情，又省时又省力。可是出乎设计安装者的意料，人们对这件发明的态度异常保守。电动楼梯开动之后，乘客和爱看热闹的人在入口处围了里三层外三层，个个流露出惊奇和不信任的神情，只有几个胆量大的人上去试了一试。虽然试乘的客人都安然无恙地到达了顶点，但一向以谨慎稳健著称的伦敦人依然对电动楼梯的可靠性持怀疑态度，不肯贸然启足。

一连数日，尽管电动楼梯始终开个不停，但搭乘者却寥寥无几。最后还是管理处的一名工作人员想出了一个办法，才很快摆脱了这种困境。

你知道他采用的什么办法吗？

原来，他想的办法是雇用一位装着木制假腿的残疾人，让他在众目睽睽之下不停地乘电动楼梯上下。在残疾人一天的现身说法和表演下，大家想，一条腿的人都安然无恙，我们还担心什么呢？于是人们纷纷踏上活动的梯级，楼梯上挤满了乘客。

五、渗透法

【案例 5】 宋真宗年间，皇宫里着了火，烧毁了几座宫殿。皇帝让丁渭组织修复工作，并责令他尽快完成。

丁渭想，盖房子、修宫殿需要很多泥土、砖瓦和木料，这些东西要从外地运来，需要花很长的时间。丁渭苦苦思索，终于想到了一个好主意：他命工匠在皇宫前面的大道上挖土，然后将土运到皇宫里面，这样修复宫殿的泥土就够用了，同时原来的大道变成了一条宽阔的深沟。他又命人把深沟与城外的汴水打通，使汴水流入沟中，这样运送木料、砖瓦的船只，就可以通过这条人工河直接驶到皇宫的大门口，从门口再运到工地就省力多了，修复皇宫的工程进展很快，比预定的时间提前了很多。修复工程完成以后，剩下了许多烧焦的碎砖瓦、垃圾和废土，丁渭让人把它们填入沟中，使深沟变成原来的大道。

辩证思维学案

一、思维导图

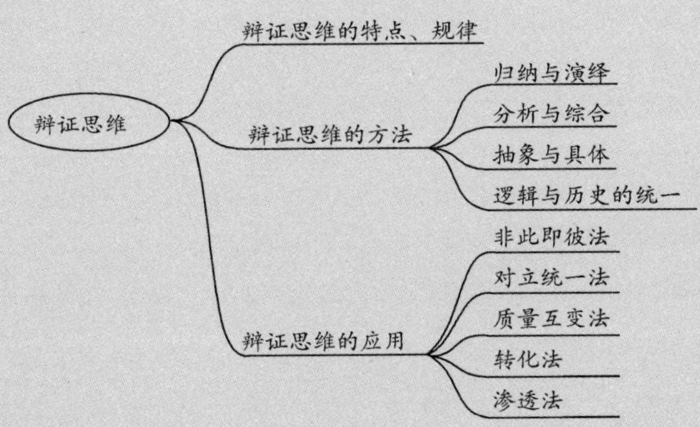

二、基础夯实

1. ________、________及________是辩证思维的根本要求和基本特征。

2. ____________、____________和____________规律是唯物辩证法的基本规律，也是辩证思维的基本规律。

3. 辩证思维的方法有__________、__________、__________、__________。

4. 辩证思维在实际生活中具体可以运用______________、______________、______________、转化法和渗透法。

三、创新思维训练

1. 从辩证思维的角度补充完整下列句子：

(1)考试前时间紧，帮助同学耽误了一点学习时间，但____________________。

(2)考试时作弊取得了好成绩，但____________________。

(3)模拟考试没考好，但____________________。

2. 有一家大型化工厂地处农村，散发的气味刺鼻难闻，使周边的村民不能开窗，偷排的污水则使周围的河流与土地受到严重污染。村民多次向环保部门投诉，可收效甚微。该厂自恃为当地利税大户，还与环保部门玩猫捉老鼠的游戏。今年春天，传闻该厂还在厂区内打深井向地下水排污。村民们忍无可忍，数百人聚集在该厂大门口，拉起横幅标语，堵塞交通，愤怒的村民还将厂牌砸了。

请针对村民围攻化工厂的行为，运用辩证思维的方法，说说你的看法。

创意项目表

姓　名		年级、班级	
创意名称			
项目内容描述及配图			

第九章　左、右脑思维

第一节　左、右脑思维测试

你的性情、能力范畴、行为及思考方式如何反映你的用脑倾向？以下 10 种日常生活状况能够帮助你在理论上判断自己大脑的使用状况。

1. 在一个陌生的城市逗留时，你和一群朋友去餐馆吃饭后却要独自回到住处：

A. 你会完全迷失方向　　B. 你很自然地找到回去的路

C. 你记得酒店在教堂右边的某处

2. 你的一个朋友跟你提起几个月或几年前共同经历的一个事件，你还记得：

A. 那天度过一段快乐的时光　　B. 他或她当时的穿着打扮

C. 他或她对你说的话

3. 在剧场里，你喜欢坐在：

A. 右侧　　B. 左侧　　C. 正中央

4. 赴约时，你会什么时候到达约会地点：

A. 提前很长时间　　B. 提前几分钟

C. 经常迟到

5. 你在等一群朋友吃晚饭：

A. 你能够听出他们汽车发动的声音　　B. 你能够听出他们上楼梯的声音

C. 他们敲门时你感到很惊讶

6. 在财务方面：

A. 你知道自己的日常花销大概是多少　　B. 你大体知道自己该花和不该花多少钱

C. 你总是透支

7. 在幽默感方面：

A. 你喜欢喜剧演员和幽默的情景　　B. 你欣赏对白中的文字游戏

C. 你经常会讲好玩的笑话

8. 你有一次美好的相遇：

A. 你完全相信自己的直觉　　B. 你不相信第一印象

C. 你不作主观判断

9. 在音乐方面：

A. 根据节拍你就可以找到熟悉的曲调　　B. 你的乐感很好

C. 你并不爱好音乐

10. 一位邻居在楼梯上和你打招呼：

A. 你不记得他是谁了　　B. 你觉得以前从未见过他

C. 他是 4 楼的新房客

答案：

1. A——×；B——¥；C——◎　　2. A——◎；B——¥；C——×

3. A——×；B——¥；C——◎　　4. A——×；B——◎；C——¥

5. A——¥；B——◎；C——×　　6. A——×；B——◎；C——¥

7. A——¥；B——×；C——◎　　8. A——¥；B——×；C——◎

9. A——◎；B——¥；C——×　　10. A——◎；B——×；C——¥

人体的大脑拥有世界上最复杂的结构，左脑和右脑各司其职（见图 9－1）。通过一个简单的测试，你就可以判断一下自己是左脑人还是右脑人。

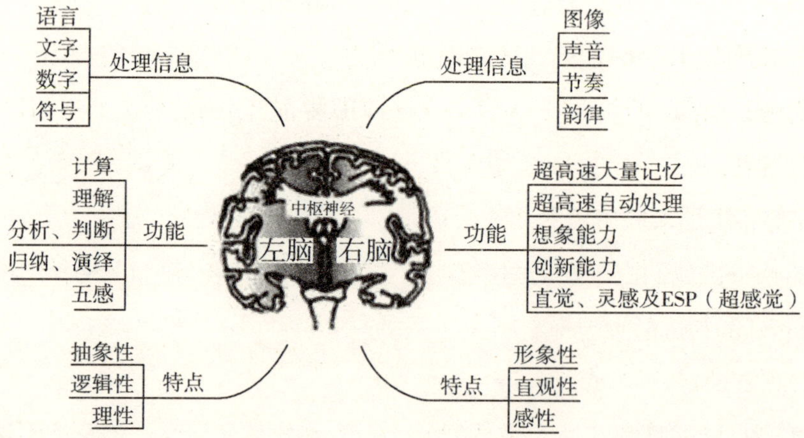

图 9－1　左、右脑的职责

×最多：你是左脑人，是分解和分析问题、对信息进行顺序处理和口头沟通方面的专家。

￥最多:你是右脑人,对一切都怀有兴趣,富有创造性,直觉敏锐、对音乐有深刻的理解,富有想象力。

◎最多:你在这项测试中没有表现出特别的倾向性,你能够合理利用两个脑半球的能力,使其互相补充。恭喜你,你非常适合做领导。

左脑的三大优势:

(1)主管语言。

(2)逻辑与数学。擅长定量思维、数据分析。

(3)抽象思维、理性思维、理论思维,包括哲学思维。擅长推理。

右脑的三大优势:

(1)形象思维。想象力丰富。

(2)艺术思维、鉴赏。建筑艺术、设计艺术、广告艺术、文学艺术、音乐艺术,甚至包括领导艺术,都是由右脑完成的。

(3)直觉、悟性,定性思维。

第二节 右脑开发测试

你的右脑思维能力如何呢?不要看最后的评分标准,按顺序看题,并在第一时间凭感觉选择适合你的答案,并记在纸上。

1. 通常见过一个人后,他的面孔与名字哪个更容易记住?

A. 面孔好记　　B. 没有区别　　C. 姓名好记

2. 找个座位坐下,身体放松,两手自然交叉放于膝上,你的两个拇指的位置如何?

A. 右手拇指在左手上面　　B. 并排　　C. 左手拇指在右手上面

3. 在语文课上,老师出了下面三个题目,你会选哪一个?

A. 写一个幻想故事　　B. 叙述你假期中做的一件事

C. 就制作某种玩具写一篇说明文

4. 你在平时猜测时间能猜多准?

A. 误差小于 5 分钟　　B. 误差小于 15 分钟　　C. 误差大于 15 分钟

5. 当别人把一首新歌唱过几遍后,你感觉如何?

A. 曲调比歌词容易记忆　　B. 曲调与歌词都能记住　　C. 歌词比曲调容易记忆

6. 下面三门课程,你最喜欢哪一门?

A. 图画　　　　　　　　B. 语文　　　　　　　　C. 数学

7. 同别人谈话时,你是否用手势强调你的思想观点?

A. 经常用　　　　　　　B. 偶尔用　　　　　　　C. 几乎不用

8. 你长大了愿意做什么工作?

A. 音乐家或画家　　　　B. 作家或摄影　　　　　C. 科学家或工程师

9. 你愿意做什么性质的工作?

A. 没有或有很少例行活动的工作　　B. 既有例行活动,又有新挑战的工作

C. 有熟悉的例行程序可循的工作

10. 你喜欢参加各种竞赛吗?

A. 从不喜欢　　　　　　B. 有时喜欢　　　　　　C. 经常喜欢

11. 当你醒来时,能清楚记得你所做的梦吗?

A. 经常　　　　　　　　B. 偶尔　　　　　　　　C. 极少

12. 你要去一个不熟悉的地方,向别人问路后,你是怎么找到那个地方的?

A. 不用笔记录,只是在脑中将别人的指点描绘成沿途景象

B. 画一张线路图　　　　C. 主要用笔做记录

13. 电视机出了故障,没法看电视或玩游戏,可离睡觉还有半个小时,你会怎么度过这段时间?

A. 画画　　　　　　　　B. 读一会书　　　　　　C. 提前睡觉

14. 捏住笔的一端,另一端竖直向上,伸直胳膊,将铅笔上端瞄准窗框,先闭右眼,看铅笔移动多少;睁开右眼,再闭上左眼,看铅笔移动多少。比较一下:你闭上哪只眼睛对铅笔的移动距离小?

A. 左眼　　　　　　　　B. 没有区别　　　　　　C. 右眼

15. 你写字时常用仿宋体、楷体或其他工整的字体吗?

A. 经常用　　　　　　　B. 偶尔用　　　　　　　C. 几乎不用

计分规则:上述各题,选 A 的得 5 分,选 B 的得 3 分,选 C 的得 0 分。

测试结果分析:计算总分在 45 分以下的,说明你的右脑还待开发,得分越低,右脑功能越低。

这个测试可以反映出我们右脑思维的大概情况。即便得分不高也不用沮丧,只要我们平时多注意这方面的训练,我们的右脑功能或右脑思维能力一定会有所改善。

第三节　右脑开发训练

右脑支配左半身,控制左手运动,反过来,左手、左半身器官的运动也刺激着右脑的开发。有意识地调动左手、腿、眼、耳,特别是左手和左手指的运动,对大脑皮层产生良性刺激,是开发右脑的有效方法。

一、利导思维

运用右脑还要发挥右脑利导思维的特性。以一个小故事为例:面对半瓶子酒,悲观主义者伤心地说:"多么不幸呀,我怎么才有半瓶子酒?"乐观主义者却欣喜地说:"太好了,我有了半瓶子酒。"

二、学习外语是训练右脑的有效途径

只学一种语言时,开动的仅是左脑,学习几种语言才会启用右脑。反之,外语翻译的最高境界,也是要达到用右脑的"译神"。

翻译层次高低有别,有人把它分为三个档次。低档为"译形",只是译出字、句、段,表达了讲述者的字面意思。这时只使用左脑。中档译出语意,传达了讲述者表达的信息。这时左、右脑并用。高档译出讲话者的志和情,传达出了讲话者内心的状态。这时基本用右脑。

三、下围棋有益于活化右脑

下围棋不是你吃我一个子、我吃你一个子的代数运算,而是占领一个范围的空间思维。据说,下围棋时在脑海里浮现的是一个图形、一个形状、一个不断变换的空间,而这正是右脑思维的领域。

为什么会如此呢?原来,围棋是一种用黑白棋子攻取阵地的棋艺,靠围地决定胜负,只要一方围的地超过 181 目,他即胜出。这种起源于中国的神奇技艺据说是远古尧帝为启发愚顿的儿子丹朱发明的。这也显示了我国先哲思想的深邃。

四、运用 CMT 技术训练右脑

这是由自律法的世界性权威 W. 鲁特在自律法、坐禅法、瑜伽法的基础上创立的一种方法。这种方法的生理机制是创造一种条件,利用色彩激发右脑的功能,进而使侧重于形象思维、非逻辑思维和空间处理的大脑右半球和负责语言、抽象思维的左半球取得功能上的平衡。其重点是要集中精神,大力激发右脑功能。

具体做法是:参与者用画笔蘸上不同颜色的颜料,随意地、毫无目的地在纸上乱涂乱

画。等乱涂乱画一阵子后，再静下心来观看自己的“作品”。这时要用海阔天空的联想和漫无边际的想象去观看、理解和分析自己的“作品”，有时就能在乱画或在观赏中激起新的设想。

乱涂乱画的过程，一方面可以促进精力集中，另一方面可以使精神放松、情绪稳定。这其实是让左脑处于抑制状态而使右脑处于活跃状态，激发了右半脑的创意功能。观赏作品则进一步激发右脑的想象功能、联想功能，从而促进创造性思维的开发。

【案例】 有人在黑板上画一个圆圈，然后向不同年龄段、不同文化程度的学生提问，让他们回答这是什么。当问到大学中文系的学生时，他们哄堂大笑，拒绝回答这个只有傻瓜才回答的问题。当问到初中生时，一位尖子生举手回答“是零”。一位差生喊道“是英文字母O”。这位差生却遭到班主任的批评。最后，当问到小学一年级的学生时，他们的表现异常活跃，积极地举手回答：“零”“句号”“乒乓球”“月亮”“太阳”“烧饼”“老师生气的眼睛”“我家门上的猫眼”……各种你想不到的答案都有。后来人们把这个测试题的主题定为：“你的想象力是怎样丧失的？”结果表明，现代的教育体制越来越忽视右脑开发，忽视创新思维培养，教育培养出的是高分数学子，却扼杀了人的想象力。

右脑思维学案

一、思维导图

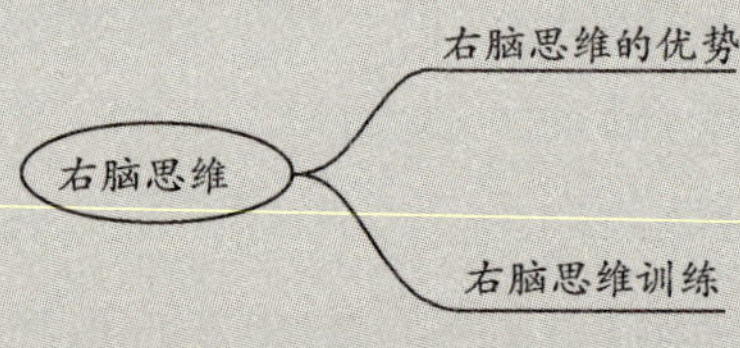

二、基础夯实

1. 左脑思维是________思维，而右脑思维是________思维。左脑思维能力强的人擅长____________，右脑思维能力强的人擅长____________。

2. 右脑思维可以通过____________、____________等方法得到训练。

三、创新思维训练

左脑思维和右脑思维各有优势和特点，你能根据左、右脑思维的不同特点，采取几种不同的方法，来记忆一首古诗吗？

创意项目表

姓　名		年级、班级	
创意名称			
项目内容描述及配图			

第十章　灵感思维

第一节　灵　感

在人类历史上，许多重大的科学发现和精彩的文艺创作，往往是灵感这种智慧之花闪现的结果。灵感与创新可以说是密切相关的。灵感不是神秘莫测的，也不是心血来潮，而是人在思维过程中带有突发性的思维形式长期积累、艰辛探索的一种必然性和偶然性的统一。

灵感思维是人们在日常生活和工作中，受到某些启发脑海里突然闪现的某种新思想，突然想到的解决某些难题的新点子，突然顿悟的某些事物的本质特征。

【案例1】 1865年，著名化学家凯库勒一举攻下了苯的分子结构式，马上在各国引起了一片赞叹声："凯库勒真是天才，他竟然会想到苯的分子结构会是一个环！"1890年，在庆祝德国化学学会成立25周年大会上，会员们一致要求凯库勒讲一下他是怎样发现苯的分子结构式的。

于是，他说："……我白白辛劳了几个月的工作，没有一点成绩。一天，我坐马车回家，由于过度劳累，在摇摇摆摆的马车上很快睡着了，我做了一个梦，梦到我几个月来构思过的种种苯的分子结构式在我眼前晃动。

忽然，其中一个分子结构式变成了一条蛇，这蛇首尾相衔，形成了一个环（见图10－1）。

这时，我听到马车夫大喊：'先生，到家了！'"我这才从梦中清醒，当天夜晚，在这个梦的启发下，我终于画出了苯的分子结构式。

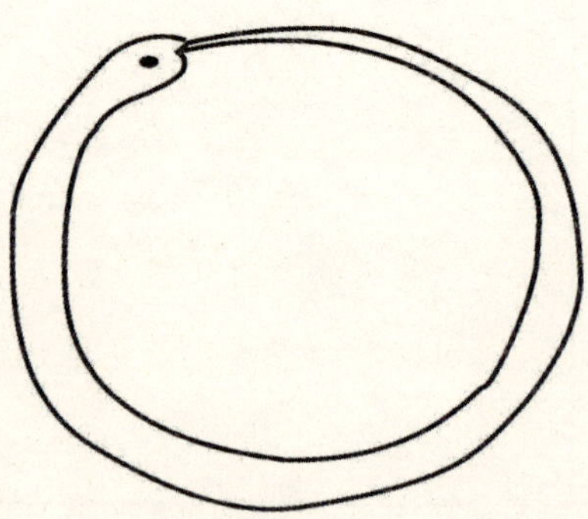

图10－1

灵感产生的原因是什么呢？有人经过研究发现：人在思考时，潜在的意识发挥了重要的作用。当我们对问题一筹莫展、手足无措时，潜意识可能正在思索，当潜意识与显意识发生沟通时，灵感就出现了。

在解决难题时，灵感非常重要，可以说是不可替代的，因为灵感往往发生了质的飞跃，是最佳结果。

【案例 2】 卓别林智斗歹徒

卓别林路遇歹徒抢劫，歹徒用枪指着他的头。卓别林知道自己硬拼是打不过歹徒的，所以没做无谓的抵抗，乖乖地送上钱包。他机智地发现，歹徒用的是左轮手枪，里面最多只能装 6 发子弹，于是他心生一计，装作可怜相，恳求歹徒说："这些钱是我家主人的，现在这些钱被你拿走，主人一定认为是我私吞了。所以，请你在我的帽子上打两枪，证明我是被抢劫了。"歹徒心想，有了这笔巨款，我还在乎这几颗子弹，于是便对着卓别林的帽子打了两枪。卓别林再次请求："这样还是不大像，能否在衣服、裤子上再各补两枪，让我的主人不会怀疑。"头脑简单的歹徒完全照做，结果 6 发子弹全射光了。这时，卓别林一拳挥去，打昏了歹徒，取回钱包，高兴地走了。

【案例 3】 时钟的诞生

300 多年前的一天，伽利略到比萨大教堂做礼拜，吊挂在教堂半空的一盏吊灯被门洞里刮来的风吹得来回摆动。这引起了他的注意。"太神奇了，吊灯每次摆动的时间为什么都相同呢？"伽利略发出了这样的疑问。为了证明吊灯每次摆动的时间是相同的，当时在学医的他忽然想到用自己的脉搏测试。"真的相同哎！"伽利略为自己的发现感到欣喜。接着他又想："吊灯要是大小不一样，摆动的时间会有什么不同？挂吊灯的绳索要是有长有短又会怎样呢？"回到家，伽利略做起了实验。

结果发现，摆动的快慢与物体的质量无关，当绳索长时摆动慢，当绳索短时摆动快。后来人们根据伽利略的发现，制成了时钟。

【案例 4】 解析几何的诞生

17 世纪法国著名数学家和哲学家笛卡尔，在很长一段时间内，都在思考这样一个问题：几何图形是形象的，代数方程是抽象的，能不能将这两门数学统一起来，用几何图形来表示代数方程，用代数方程来解决几何问题呢？

为解决这一问题，他日思夜想，但一直找不到突破方向。有一天早晨，笛卡尔睁开眼发现一只苍蝇正在天花板上爬动，他躺在床上耐心地看着，忽然头脑中冒出这样一个念头：这只来回爬动的苍蝇不正是一个移动的"点"吗？这墙和天花板不就是"面"，墙和天花板相连接的角不就是"线"吗？苍蝇这个"点"与"线"和"面"之间的距离显然是可以计算的。

笛卡尔想到这里，情不自禁地一跃而起，找来纸和笔，迅速画出三条相互垂直的线，用它表示两堵墙与天花板相连接的角，又画了一个点表示来回移动的苍蝇，然后用 X 和 Y

分别代表苍蝇到两堵墙之间的距离，用 Z 来代表苍蝇到天花板的距离。后来笛卡尔对自己设计的这张形象直观的“图”进行反复思考和研究，终于形成了这样的认识：图上的任何一点，都可以用一组数据来表示它与另外三条数轴的数量关系。同时，只要有了任何一组像以上这样的三个数据，也都可以在空间上找到一个点。这样，数和形之间便稳定地建立了联系。

于是，数学领域中的一个重要分支——解析几何学，在此基础上创立了。他的这套数学理论体系，引发了数学的一场深刻的革命，不仅有效地解决了生产和科学技术上的许多难题，而且为微积分的创立奠定了坚实的基础。

歹徒用的左轮手枪，触动卓别林心生一计转危为安；天花板上爬动的苍蝇，触动笛卡尔产生了创建解析几何学的灵感。这是通过灵感思维取得成功的两个典型例子。

灵感思维也称作“顿悟”。它是人们借助直觉启发所产生的一种领悟或理解的思维形式。例如，诗人、文学家的“神来之笔”，军事指挥家的“出奇制胜”，思想战略家的“豁然贯通”，科学家、发明家的“茅塞顿开”等，都说明了灵感的这一特点。它是在经过长时间的思索，问题没有得到解决，但是突然受到某一事物的启发，问题却一下子解决的思维方法。“十月怀胎，一朝分娩”，就是对这种方法的形象化的描写。灵感来自信息的诱导、经验的积累、联想的升华和事业心的催化。

第二节　灵感思维的类型与特点

一、灵感的类型

灵感主要分为两种类型：一种是瞬间闪现的，往往稍纵即逝，时不再来。这种灵感与此前的生活阅历和丰富的想象力有直接关系，如卓别林的那一种。

另一种是由于长期致力于某种研究或某类工作，在这之后突然产生的。这种灵感与此前的艰苦劳动是密切相关的，如笛卡尔的那一种。

值得指出的是，后一种灵感思维出现的情况居多，并且研究灵感思维一般都是研究后一种。历史上有关灵感思维促使成功的事例有很多，这里再举两个典型例子。

【案例 1】 2000 多年前，国王高宾洛二世给金匠一块纯金，要他做一顶王冠。金匠制成后，质量与国王给的那块黄金完全相同。可是国王不放心，要阿基米德检验王冠中是否掺有其他金属。

这可是难题。阿基米德虽是著名的数学家，但王冠的形状十分复杂，用几何学的方法算不出它的体积来。他成天冥思苦想,“运思如转轴,格格闻其声”,可就是不得要领。

有一天他去洗澡,人坐在盛满水的澡盆里,水溢出来的现象一下子触动了他,阿基米德顿时醒悟:盆里溢出来的水的体积,不就是自己的身体浸在水里的那一部分体积吗?

他猛地从澡盆里起来,跑出澡堂在街上狂喊:“我发现了!我发现了!”

跑到王宫后,他把王冠和等质量的纯金先后放进盛满水的盆子里,比较两盆溢出来的水量。结果,纯金排出的水少,而王冠排出的水多,于是阿基米德断定:王冠是掺了假的,因为金子比重大,在质量相同的情况下体积比较小,掺了别的金属后,比重减轻,体积增大,排出的水就多了。

国王的怀疑被证实了,金匠不得不承认偷了金子。这样,阿基米德不仅揭开了金冠之谜,还由此而发现了著名的阿基米德定律。

【案例 2】 荣获戴维逊奖的我国数学家侯振挺,对自己如何得益于神奇的灵感启示,证明了世界上公认的数学难题“巴尔姆断言”,曾经作过这样的解释:“当时我深深地被‘巴尔姆断言’吸引,一头扎进了‘巴尔姆断言’的证明工作中,每一次似乎都到了解决它的边缘,可是又都没有达到目的。我早起晚睡,夜以继日,利用了全部可以利用的时间,吃饭、睡觉、走路时,头脑中总是索绕着‘巴尔姆断言’。”说到此,侯振挺深有感触地说:“难啊,确实是难……时间一天天地过去,明明一个证明它的轮廓已经在头脑中形成了,但却有一些问题证明不了,就像一座大山挡住了去路。我把当时的进展写成一份文件。当时我正在外地实习,就让一位同学顺路带回学校去请教老师,于是我送那位同学去火车站。就在火车将要开动时,在我那始终思考这个证明的头脑里,忽然闪过一星火花,刹那间似乎在那挡路的大山里发现了一条幽径,于是我留下了那份写给老师的文件,立刻在车站旁的石凳上坐下,拿出笔推敲起来。果然,那一星火花照亮了前进的道路,曲折的幽径越来越宽。十几分钟以后,最后一座大山终于被抛到我的后面去了,‘巴尔姆断言’完全得到了证明。啊!好容易!只十几分钟就完成了!”

二、灵感的特点

灵感具有通常思维活动所不具有的特殊性质,主要有以下几点:

1. 突发性

灵感的出现不期而至,突如其来,灵感什么时候出现,怎样出现,由什么事物刺激而产生,都是难以预知的。

2. 兴奋性

灵感的兴奋性是指人脑在灵感闪现后常处于兴奋中。它使人脑处于激发状态,伴随而来的是情绪的高涨，使人进入如醉如痴的忘我状态。

3. 跳跃性

灵感的跳跃性表现为它是一种直觉的、非逻辑的思维过程。在出其不意的刹那间（散步、闲谈、看电影等）触景生情，冥思苦想的问题突然得到解决。原因是创造者在创造活动中，对问题长期地探索，使智力活动达到了白热化状态，在这种状态下，或因外界的某一刺激而受到启发；或由于某种联想，触类旁通使记忆中储存的材料重新组合。

4. 创造性

灵感所获得的成果常常是新颖的创造性知识。但它所闪现的往往是模糊的、粗糙的、零碎的，还要用通常的思维活动加以整理。所以灵感的创造性与抽象思维、形象思维及其他种种因素一起才能发挥作用。

第三节　灵感的诱发与产生

引发灵感最常用的一般方法，就是愿用脑、会用脑、多用脑，也就是遵循引发灵感的客观规律科学地用脑。“数字化教父”尼葛洛·庞帝曾说：“我不做具体的研究工作，只是在思考。”微软的比尔·盖茨从小就表现出了勤于思考、善于思考的特点。

由此可见，科学用脑是开发大脑创造潜能、引发灵感、形成创造性认识的最一般、最普遍适用的方法。

一、灵感的产生

灵感虽是紧张思维的结果，但其出现的时机却往往是人处于一种长期紧张工作之后的暂时松弛状态，如散步、钓鱼、听音乐、观花赏月时，甚至睡梦中。之所以如此，是因为人在积极思维时，左脑的逻辑思维起主导作用，思维按特定的方向、专有的规律进行，不同思维方式和内容之间难以发生联系。而当人在精神放松时，右脑的形象思维处于积极的活动状态之中，思维范围扩大，思路活跃，想象丰富。左、右脑思维相互联系，相互影响，这就为灵感的产生准备了良好的条件。

二、怎么样才能有灵感

1. 从生活中激发灵感

“得之在俄顷，积之在平日。”灵感是辛勤劳动的果实，是通过长期积累和艰苦脑力劳动引爆的动人火花。灵感源于生活，生活之水积蓄到什么程度，就有什么样的灵感。生活是海洋，凡是有生活的地方就有快乐和宝藏，就孕育着灵感和希望。如果远离生活，才气再大，最终也只能是“江郎才尽”。

2. 善于捕捉灵感。

“句句夜深得，心从天外归。”灵感来得快，去得也快。灵感的不期而至，给人以惊喜，真可谓“踏破铁鞋无觅处，得来全不费功夫”。因此在灵感到来之际，必须马上抓住它。

3. 善于孕育灵感。要孕育灵感，就要多读书，“读书破万卷，下笔如有神”，杜甫所说的“神”就是灵感，它是从苦读中培养出来的。要多读一些名篇名著，不光要读文学艺术方面的书，还要读一些科学技术、哲学、历史等方面的书，不断提高自身的综合素质。“功夫在诗外”，作为职场中的人应多注重培养自己的“诗外”（即专业之外的）功夫，只有积累起自身深厚的修养，才有可能在工作中不断地迸发出思绪翻飞、心腑荡漾的灵感来。

三、捕捉灵感的方法

要创造条件来激发灵感思维的产生，捕捉灵感的常见方法有：

1. 卧床冥思法

清晨醒后不起床，双目微闭，静静地回忆一下一段时间以来日夜思考而尚未解决的问题，以求获得某种灵感。

2. 沐浴默想法

人在沐浴时身体舒展，心情放松，常有一种摆脱了一切羁绊和负担的心旷神怡。这时，潜意识和显意识之间开始“交流”和“对话”，潜意识将更多、更全面的信息及时地输送给显意识使用，并更加活跃、主动地配合显意识思考问题。这时，日夜萦绕心间的问题，有可能突然在头脑中闪现出某种答案或线索来。

3. 散步静思法

散步是一种能活动身体、有益健康的休息方式，这是众所周知的，同时它也有助于诱发灵感。德国著名诗人歌德曾说：“我最宝贵的思维及最好的表达方式，都是在散步时出现的。”

其实，诱发灵感的方法还有很多，可以根据自身生理、心理、爱好和习惯等诸多方面的特点，采取某种方式或选择某种场合，有意识地进行尝试，或许有一天，你的灵感思维就真的这样出现了。

总之，灵感虽然只是一瞬间，但并非凭空拥有。灵感只会光顾爱学习、爱生活、爱思考的人。

灵感思维学案

一、思维导图

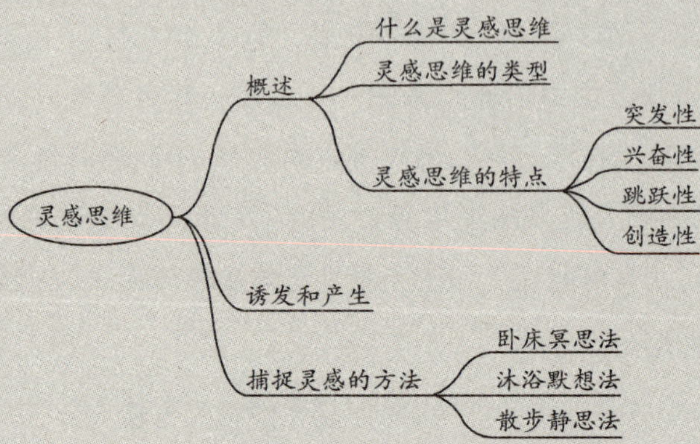

二、基础夯实

1. 灵感思维是人们在日常生活和工作中，受到某些启发脑海里______________的某种新思想，突然想解决某些难的______________________，突然顿悟某些事物的本质特征。

2. 灵感思维也称作__________。它是人们借助直觉启发所产生的一种__________的思维形式。

3. 引发灵感最常用的一般方法，就是愿用脑、会用脑、多用脑，也就是遵循引发灵感的客观规律______________用脑。

4. 灵感不是神秘莫测的，也不是心血来潮，而是人在思维过程中带有__________的思维形式________________、艰辛探索的一种必然性和偶然性的统一。

创意项目表

<table>
<tr><td>姓　名</td><td></td><td>年级、班级</td><td></td></tr>
<tr><td>创意名称</td><td colspan="3"></td></tr>
<tr><td colspan="4">项目内容描述及配图</td></tr>
<tr><td colspan="4"></td></tr>
</table>

创造技法篇 ▸▸▸

第十一章　移植创新法

第一节　移植创新法概述

移植创新法是将某个学科领域中已经发现的新原理、新技术、新方法移植、应用或渗透到其他学科、技术领域中去，为解决其他学科、技术领域中的疑难问题提供启发或帮助，从而使它得到新进展的一种创造发明方法，也称“移植法”“渗透法”。

【案例】 拉链的发明，最初起因于人们穿的长筒靴。19 世纪中期，长筒靴很流行，特别适合走泥泞或有马排泄物的道路，但缺点就是它上面的铁钩式纽扣多达 20 余个，穿脱极为费时。这个缺点让发明家伤透了脑筋，也耗费了赞助商许多的金钱和耐性。为了免去穿脱长筒靴的麻烦，人们甚至忍受着穿靴整日不脱的痛苦。

有一个叫威特康·贾德森的美国人下定决心要改良长筒靴。一天，他到一家铁匠铺购买饭勺。这家店铺的铁勺挂得整齐巧妙：一根被架在水平位置的钢筋棍上吊着上、下两行，上面的一排由钢筋棍直接穿过勺柄孔，而下面的一排是勺柄朝下，通过勺的凹处“咬合”在一起的。贾德森选中了下排左起第五把铁勺，他使劲往下拽，却拽不下来，铁勺咬合得很紧。后来铁匠师傅告诉他，把左边第四把勺子向外扒开，他需要的那把就可以轻而易举地取下来了。买饭勺给了他很大的启发，那种紧紧咬合在一起的两行铁勺成了他设想中的“拉链”雏形。他根据饭勺的这种咬合原理设计出了拉链装置。

1893 年，贾德森申请了美国专利，并在芝加哥世博会上展示了他的新发明。这项发明当时被称为“滑动系牢物”，又叫作“可移动的扣子”。但因为存在笨重、钩环搭接松散、容易自动裂开等缺点，这种“扣子”在当时并没有受到人们的青睐。

从 1908 年起，在美国工作的瑞典人森贝克开始研究改良拉链，为了让拉链的齿状部分密合，防止突然张开，他提出了由“牙齿、拉鼻和布带”三部分来组成拉链的构想，并起名“无齿扣件”。这个新构想也就是我们今天使用的拉链。

1912 年，一个从飞行员上衣上掉下的纽扣滚进了飞机发动机，引发了一起意外坠机事件，这促成了拉链在飞行员服装上的大量使用。使用方便的特性使得拉链迅速在整个部队服装中普及。

1993年，在拉链发明100周年之际，它被众多评论家视为100年来，世界上最重要的发明之一，更被英国BBC电台称为“世界奇迹”。

从思维的角度看，移植法可以说是一种侧向思维方法。它通过相似联想、相似类比，力求从表面上看来仿佛是毫不相关的两个事物或现象之间，发现它们的联系。因此，它与类比发明法（简称“类比法”）、联想发明法（简称“联想法”）有着密切的关系，在很多情况下还与灵感思维有关。

第二节　移植创新法的基本方法

一、原理移植

原理移植是将某种原理向新的领域类推或外延。不同领域的事物总是有或多或少的相通之处，其原理的运用也可相互借鉴。例如，根据海豚对声波的吸收原理，制造出了舰船上使用的声呐装置；设计师将香水喷雾器的工作原理移植到了汽车发动机的化油器上。

【案例1】 法国著名的微生物学家路易斯·巴斯德发表了关于有机物腐败和发酵的研究成果后，一位英国籍医生受到了启发。他想，可以把这个原理移植到外科手术上去。他认为，有机物腐败和发酵是由于外来的细菌感染，而外科手术后病人伤口的化脓和溃烂也是外来细菌感染的结果。于是，他采取石碳酸消毒的办法，在1865年发明了无菌手术法，这个方法使外科手术后病人的死亡率由原来的80%以上降低到15%。

【案例2】 奥恩布鲁格的父亲是个酒商，他经常用手指上下敲酒桶的木盖，凭木制酒桶发出的声音判断酒桶内是否有酒，有多少酒。有一次，奥恩布鲁格的一个病人直到死还没有被诊断出患的是什么病。后来，经过对死者尸体的解剖，才发现病人胸腔已化脓，积满了水。奥恩布鲁格经过思索与研究，联想到他的父亲通过用手指叩击木桶盖听声音的方法来判断桶内酒量多少的做法，经过长时间的临床观察、试验，终于发明了叩诊法。

二、方法移植

方法移植是指将已有的技术、手段或解决问题的途径应用到其他新的领域。例如，耐克运动鞋的发明。有一天，美国俄勒冈州立大学体育系教授威廉·德尔曼在家里吃饭时发现，用传统的带有一排排凹凸小方块的铁板压出来的饼不但好吃，而且很有弹性。他受到启发，便仿照做饼的方法，将凹凸的小方块压制在橡胶鞋底上，这种鞋穿上走路非常舒服。经过改造，便有了今日著名的耐克运动鞋。

三、功能移植

功能移植是将一个事物的功能移植到其他事物上。许多物品都有一种众所周知的主要功能，但还有其他许多功能可以开发利用。例如，武汉市第六医院的张应天大夫成功地将普通衣用拉链移植到了病人的肚皮上。他尝试在 3 例重症急性胰腺炎病人腹部切口装上拉链，间隔 1 ~2 天定期拉开拉链，直接观察病灶，清除坏死组织和有害渗液，直至完全清除坏死组织后再拆除拉链、缝合切口，这一发明减少了手术过程的感染并避免了多次手术。

四、结构移植

结构移植是将某种事物的结构形式或结构特征移入另一种事物。例如，有人把滚动轴承的结构移植到机床导轨上，使常见的滑动摩擦导轨变为滚动摩擦导轨。这种导轨与普通滑动导轨相比，具有牵引力小、运动灵敏度高、定位精度高、维修方便（只需更换滚动体）等优点，大大提高了机床运行的精度。2008 年北京奥运会的主场馆鸟巢也是借鉴了鸟巢的结构设计建成的。

第十二章　组合创新法

第一节　组合法

【案例1】 很久以前，在美国的佛罗里达州有一个画家，他穷困到除了作画的工具外，一无所有。他画画时，经常要用到铅笔和橡皮，但是因为丢三落四，不是一会不见了橡皮，就是找不着铅笔。后来他想了一个巧妙的办法——用一小块薄铁皮将橡皮和铅笔组合在一起。由于用起来感觉十分方便，他觉得这个改进能用来赚钱，于是便去申请了专利。

后来，RABAR 铅笔公司用55 万美元买下了这项专利，而这项专利人们一直使用至今。而这个穷困潦倒的画家，由于这个灵机一动的发明，一下子脱离了贫困。

【案例2】 当今世界著名的日本丰田汽车，正式投入规模生产经营比美国的福特、通用汽车迟了半个多世纪。在20 世纪60 年代前，它几乎是靠引进美国汽车的技术和零部件乃至车架进行组装的。但到了20 世纪70 年代初，该公司的决策者敏锐地洞察到了世界潮流和美国企业界的动向，以迅雷不及掩耳的速度，成功地将世界各种汽车技术及当时经济环境要素（当时世界出现了石油危机，油价成倍增高）进行组合创新，将美国的福特、通用汽车等耗油多、车身大的特点改造成耗油少、轻型简易驾驶，及时地迎合了顾客的需求，赢得了市场的青睐。等到美国的汽车业醒悟时，丰田汽车已经在许多国家甚至在美国市场声威大振。“车到山前必有路，有路必有丰田车”的广告语响遍全球。

橡皮铅笔的发明和丰田汽车的崛起就是所谓的组合法，它是指按照一定的技术原理或功能目的，将现有的科学技术原理或方法、现象、物品作适当的组合或重新安排，从而创造出具有统一整体功能的新技术、新产品、新形象的创造技法。

组合法一般要具备以下三个条件：有多个要素参与，为同一目标服务，产生 $1+1>2$ 的功效。

第二节　组合法的种类

一、同物组合

同物组合是指由相同的事物(要素)进行组合并产生新的功能和效果,如双杆喷头、双向可调式手电筒、双头订书机等。

二、异类组合

异类组合是指由不同的事物(要素)进行组合并产生新的效果,即两种及两种以上不同领域技术思想的组合或不同功能物质产品的组合。异类组合又可分为原理组合、功能组合和方法组合。

1. 原理组合

原理组合是将两种或两种以上的技术原理有机地结合起来,组成一种新的复合技术或技术系统。

2. 功能组合

功能组合是将具有不同功能的产品组合到一起,使之形成一个技术性能更优或具有多种功能的技术实体的方法。例如,将收音机和录音机组合在一起制成的收录机,兼具二者功能,更方便实用。又如,马路上常见到的混凝土搅拌车,不但把搅拌和运输组织在一起,而且是在运输路上进行搅拌,到达工地后即可立即使用拌好的水泥。

3. 方法组合

方法组合是将两种或两种以上的独立方法组合起来,形成一种新方法。例如,把超声波灭菌方法和激光灭菌方法组合,利用"声光效应"可彻底消灭水中的细菌。

图 12－1、图 12－2 分别给出了不同物体、不同功能的组合实例。

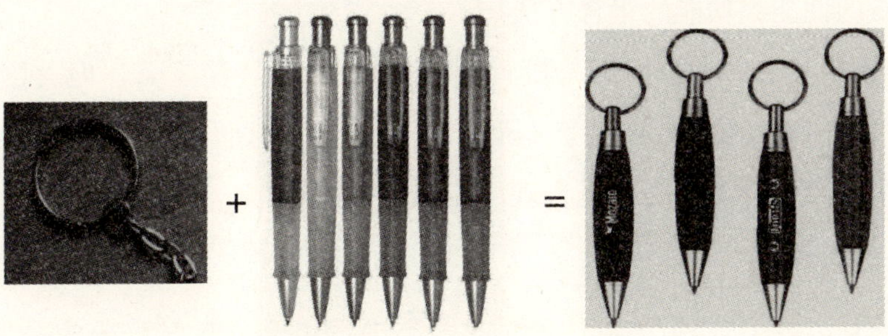

图 12－1－1　不同物体的组合

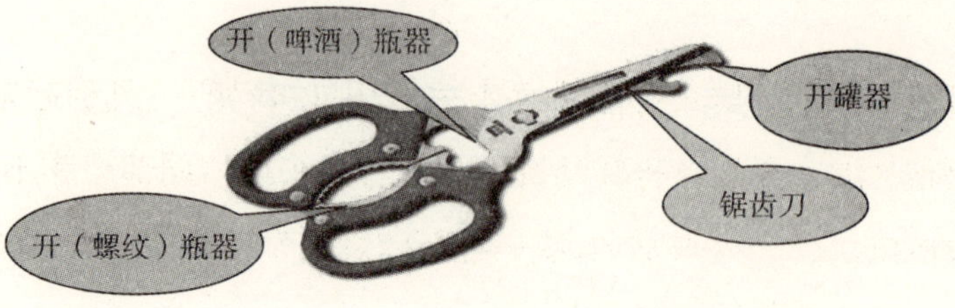

图 12－1－2　不同物体的组合

图 12－2　不同功能的组合

图 12－3　课桌椅

图 12－3 所示是一款专为大学校园开放式教学教室设计的课桌椅。它配有方便学生做笔记的可调节小桌板，底部的滑轮便于移动，可以让大家轻松地聚在一起进行小组讨论。此外，座椅下部还预留了置物空间，可以把随身携带的背包放进去。这款座椅合理地利用了空间，功能设计也颇为合理。为了配合校园的活泼氛围，设计公司还为它设计了多种颜色，使人们具有更多的选择。

三、结构重组

结构重组是改变原有技术系统中各结构要素间的相互连接方式以获得新的性能或功能的组合方法。

例如，螺旋桨飞机的一般结构是机首装螺旋桨，机尾装稳定翼。但美国的卡里格卡图则根据空气浮力和气推动原理，将飞机螺旋桨放于机尾，而把稳定翼放在机头，重组后的新型飞机具有尖端悬浮系统和更合理的流线型机体等。

四、概念组合

概念组合是以两个或两个以上命题或词类进行组合。它又可分为命题组合、词类组合。

1. 命题组合

创新有时可以由若干特殊命题组合而产生。例如:命题一,风刮起来会产生很大的力;命题二,需要很大的力是发电机转动的基本条件。去掉相同部分和不重要词汇,可以得到一种新的发电方法——风力发电,或一种新的发电设备——风力发电机。

图 12 - 4 所示是一款日历座椅。

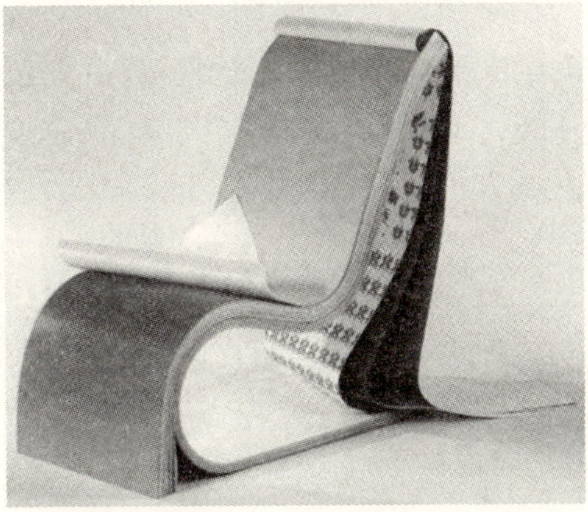

图 12 - 4　日历座椅

2. 词类组合

词类组合是将选定的题目与尽可能多的有关动词相结合,以求引发新思想。例如:题目要求开发一种能上楼梯的车;先寻找有关动词,如走、爬、迈、拖、拉,以及流动、滑动、滚动、飞行、跳跃……最后将选题确定为滚动上楼梯车。

图 12 - 5 所示是一款带油烟机把手的炒锅。

图 12 - 5　带油烟机把手的炒锅

五、成对组合法

成对组合法是把任意的两个事物或特征组合起来,获得发明目标的方法。

你能把眼前看到的物品任意进行两两组合吗?

1. 部件的组合

部件的组合并不是指一般的零配件装配，而是指把本来不是一体的两种或两种以上部件依一定的技术原理组合为一体，使其具有新功能的方法。

例如，把发光件装在钥匙圈、鞋后跟、开关、手表、手杖、指挥棒上等，把音乐装在扶梯、桥、门铃、枕头、黑板中等，把电子表装在笔、包、尺上等。

2. 机器的组合

例如，收音机 + 录音机 = 收录机，微波炉 + 红外烤箱 = 多功能烧烤箱。

3. 材料的组合

通过交合、融合、混合、渗透获得新材料。

例如，铁芯 + 铜皮 = 铁芯铜线，气体 + 液体 + 固体 = 加气水泥制品，甲醛 + 苯酚 = 电木，甲醛 + 牛奶 = 酪基塑料，硝酸 + 棉布 = 斯恩宾的硝化棉火药。

4. 现象的组合

电力液压效应：水中的两个电极进行高压放电时，产生的巨大冲击力能将坚硬的宝石击碎；椭圆球内的一个焦点上发出的声波，经反射后会在另一个焦点上汇集。结合这两种现象去击碎肾结石，德国科学家发明了肾结石水床击碎机。

六、主体附加法

以某事物为主体，再添加另一附属事物，以实现组合创新的技法叫作“主体附加法”。在琳琅满目的市场上，我们可以发现大量的商品是采用这一技法创造的。例如，在可擦圆珠笔上安上橡皮头，在电风扇中添加香水盒，在摩托车后面的储物箱上装上电子闪烁装置，都具有美观、方便又实用的特点。

主体附加法是一种创造性较弱的组合，人们只要稍加动脑和动手就能实现，但只要附加物选择得当，同样可以产生巨大的效益。

七、辐射法

辐射法以某种新技术为中心，致力于替代各种传统技术。其一般程序为：确定辐射中心（一般为一种新技术）；画辅射线，填入被辐射技术；组合；确定开发途径。

例如，超声波技术的辐射图如图 12 - 6 所示。

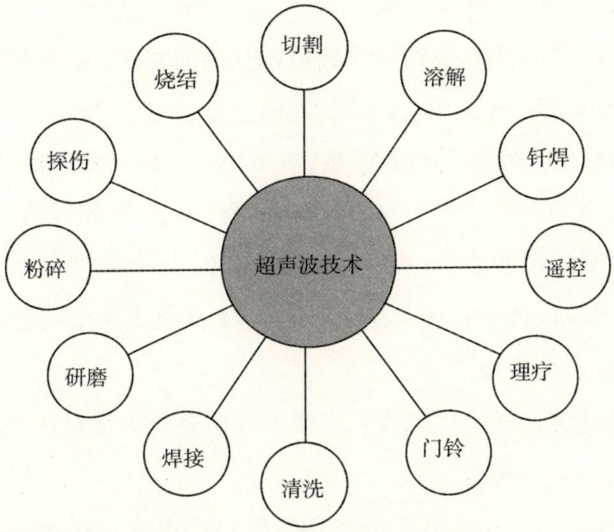

图 12－6　超声波技术的辐射图

强磁材料产品的辐射图如图 12－7 所示。

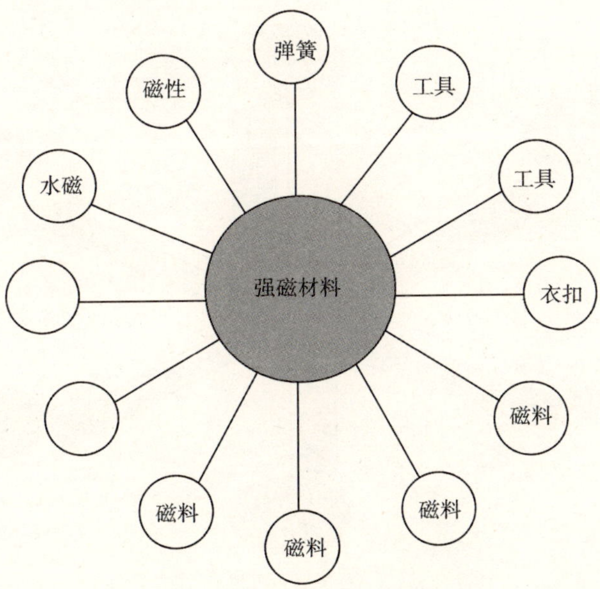

图 12－7　强磁材料产品的辐射图

八、坐标法

【案例】 1983 年夏天，在我国广西南宁市召开的全国第一届创造学学术研讨会上，日本创造学专家村上幸雄先生在作报告的过程中拿出一支曲别针（回形针），向与会者提出一个问题："请各位动动脑筋，打破思维定势，说出曲别针的各种用途，看谁说得多，说得奇特。"20 分钟过去了，会场上总共提出了 20 多种用途，这时有人问："村上先生，您能讲出多少种用途呢?”村上先生笑了笑,伸出 3 个手指。“30 种?!”村上先生摇摇头说:“300 种。”人们不胜惊讶。村上先生扫视那些持怀疑眼光的人,用幻灯片映出了曲别针的大量用途。

当村上先生演示结束后,台下的许国泰(当时还是一家刊物的编辑)向台上送了一张条子,条子上写道:“对曲别针的用途,我能说出 3000 种,3 万种!”第二天,许国泰走上讲台拿出一支粉笔,在黑板上写了“曲别针用途解”几个字,他说:“昨天各位和村上先生讲的曲别针的用途,可用勾、挂、别、连 4 个字概括。要突破这种格局最好采用简单的思维工具——信息标和信息反应场。”

二维坐标信息反应场被称为“魔域”,多维坐标信息反应场被称为“魔球”,从“魔球”到“魔球”,思维的产生更加神奇。

北京京钟食品加工厂的李平贾厂长是经营德州扒鸡的,当他经营无方、走投无路之时,巧遇许国泰,经他的指点,应用“魔球”理论生产的系列香肠畅销京城。香肠信息场如图12 -8所示。

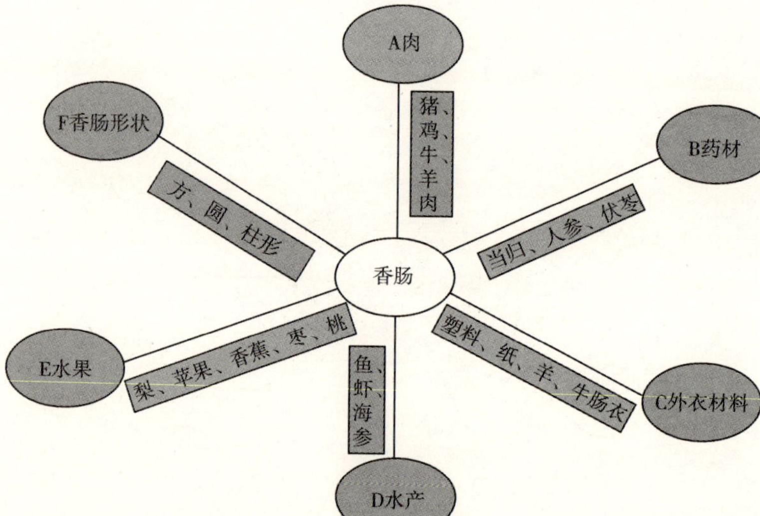

图 12 -8　香肠的信息场

九、系列发明法

系列发明法就是一个产品获得成功后,可以开发出一个系列的产品,以满足不同客户的需求。例如,蜡烛系列、衣架系列、盖子系列、漏斗系列等,如图 13 -9、图 13 -10所示。

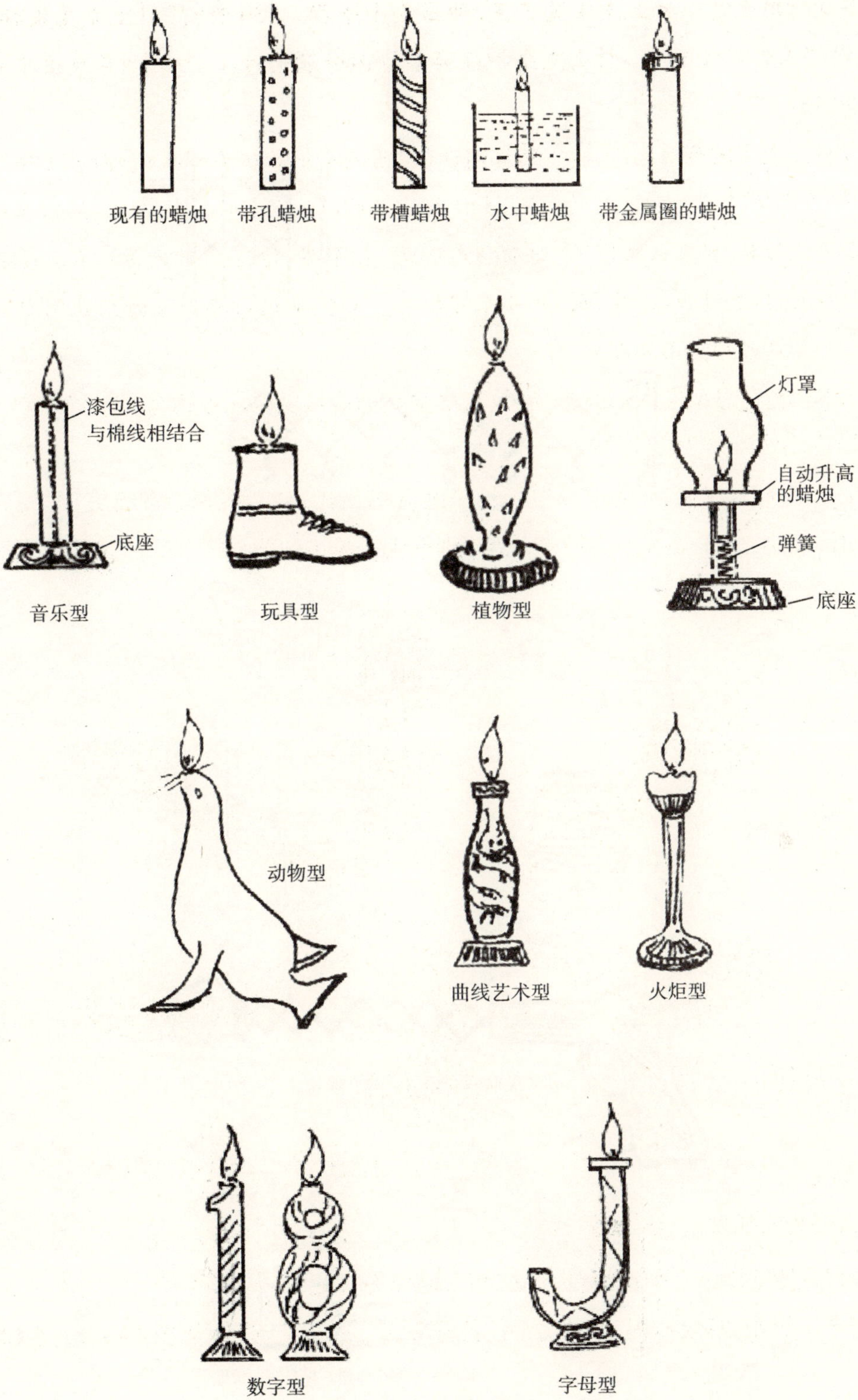
现有的蜡烛
带孔蜡烛
带槽蜡烛
水中蜡烛
带金属圈的蜡烛
漆包线
与棉线相结合
底座
音乐型
玩具型
植物型
灯罩
自动升高
的蜡烛
弹簧
底座
动物型
曲线艺术型
火炬型
数字型
字母型

图 12－9　蜡烛系列

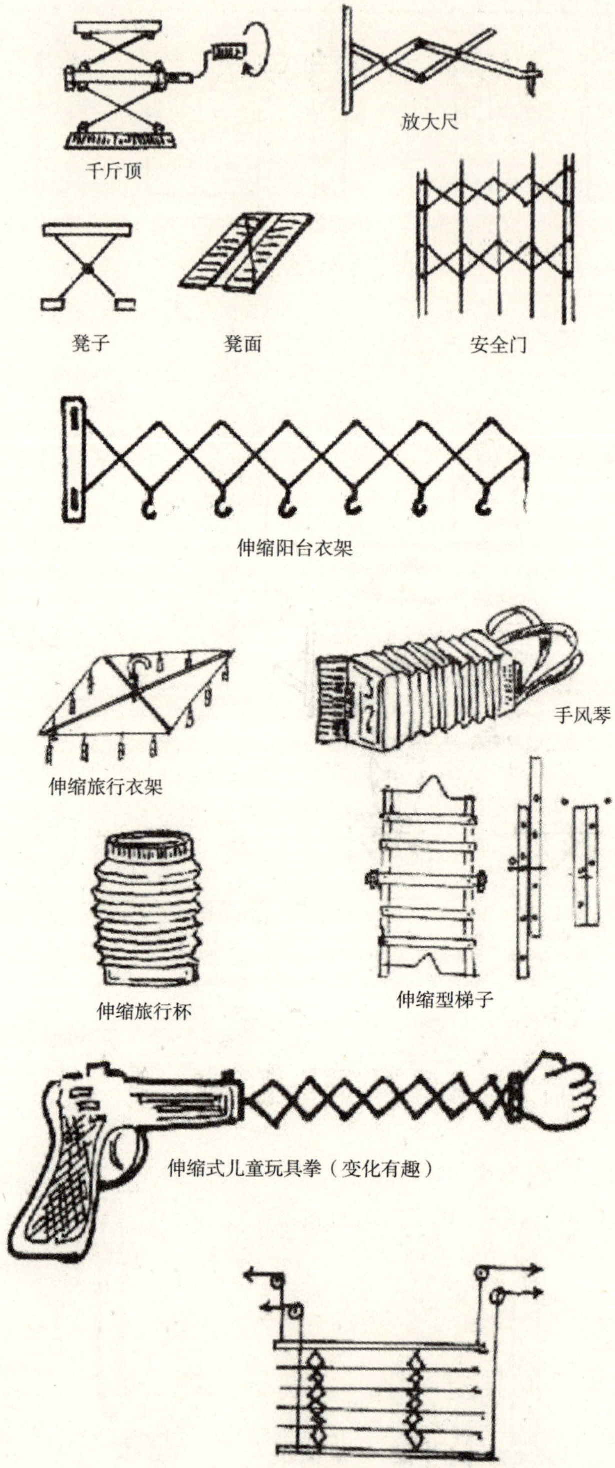

图 12－10　衣架等系列发明产品

移植、组合创新法学案

一、思维导图

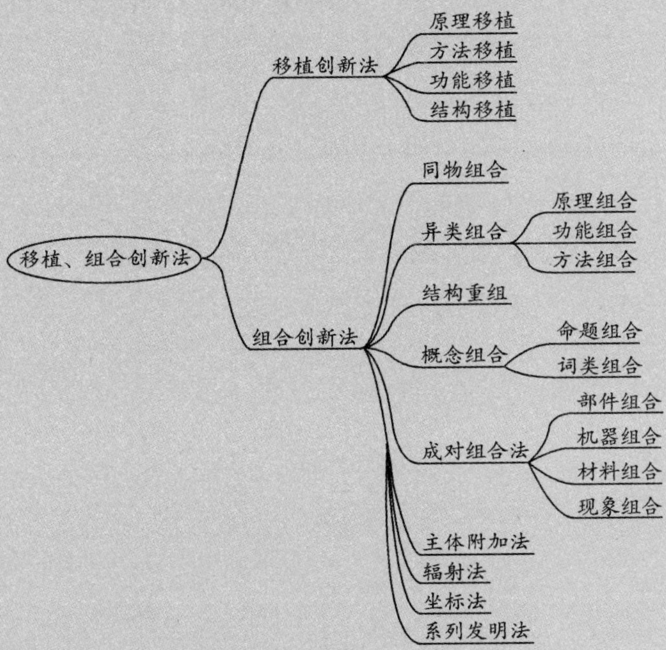

二、基础夯实

1. 移植创新法，也称________、________。这种技法是将某个学科领域中已经发现的________、________、新方法移植、应用到或渗透到其他学科、技术领域中去，为解决其他学科、技术领域中的疑难问题提供启发或帮助，从而使它得到新进展的一种创造发明方法。

从思维的角度看，移植法可以说是一种________思维方法。它通过相似联想、相似类比，力求从表面上看来仿佛是毫不相关的两个事物或现象之间，发现它们的联系。因此，它与____________、____________有着密切的关系，在很多情况下还与灵感思维有关。

2. 移植创新法的基本方法有________、________、________、________。

3. 组合创新法有同物组合、异类组合、坐标法、系列发明法、辐射法、________、____________、____________、____________等9种方法。

三、创新思维训练

1. 你知道华佗的五禽戏吗？试分析说明五禽戏的发明运用的创新方法。

2. 请列举出自己生活中或你所知道的两种运用了移植创新法或组合法的生活物品或建筑等，并具体说明是如何运用这些方法的。

创意项目表

姓　名		年级、班级	
创意名称			
项目内容描述及配图			

第十三章　列举法

列举法作为一种发明创造技法，是用列举的方式把问题展开，用强制性的分析寻找创造发明的目标和解决途径。列举法的主要作用是帮助人们克服感知不足的障碍，使人们带着一种新奇感将事物的细节统统列举出来，迫使人们时时处处考虑一个熟悉事物的各种缺陷。这种方法能够使人们的考虑具有完整性和整体性，不至于漏掉某一个方面的优点或缺点。

按照所列举对象的不同，列举法可以分为特性列举法、缺点列举法、希望点列举法、焦点列举法、成对列举法和综合列举法。

第一节　特性列举法

特性列举法是根据事物的特征或属性，将问题化整为零，以便产生创新设想的创新技法。例如，想要创新一台电风扇，若笼统地寻求创新整台电风扇的设想，恐怕不知如何下手；如果将电风扇分解成各种要素，如扇叶、立柱、网罩、电动机及速度、风量、外观等，然后再逐个分析，研究改进，这样一来，创造性地改进一台电风扇就有了具体的操作目标和操作方案。

一、特性列举法的操作程序

(1)确定研究对象。

(2)从三方面进行特征列举，包括名词特性——整体、部分、材料、制造方法等，形容词特性——颜色、形状、性质、状态以及动词特性——功能、作用。

(3)对三方面属性的各项目提出可能的创新设想，引出新方案。

二、实例分析

【实例1】　电话机特性分析

特性：黑色的、用塑料制的、话筒与机座是分离的、拨号码是圆盘式的、电线……

特性置换：

黑色:换成其他颜色、两种颜色调和混制、带格式花纹、带个人照片、带名人姓名字符。

塑料制:金属、玻璃、木头、硬橡胶、透明塑料。

拨号盘:按键式、杠杆式、算盘式、改进型拨号盘式。

话筒:易抓式、有棱角、用麦克风或扬声器代替。

机座:圆形、椭圆形、高脚、墙挂式、仿动物式。

电线:无、有(粗、细、圆圈、拉伸……)

【实例2】 尼龙绸折叠式花伞

(1)确定研究对象:尼龙绸折叠式花伞。

(2)特征列举如下:

①名词特性:伞杆(铁的)、伞架(铁的)、伞尖、伞把、弹簧(钢的)、开关机构(铁的)、伞面(尼龙绸)。

②动词特性:手举、折叠、打开、闭合、握、提、挂、放、晒、遮雨。

③形容词特性:圆柱形的(伞把)、曲形的(伞把)、直的(伞架)、硬的(伞架)、尖的(伞尖)、花形的(伞面)、圆的(伞面)等。

(3)提出创新设想,引出新方案。

①新设想

a. 将直的、硬的、铁的伞架变换为软的,充气管式伞架,以便于携带。

b. 将伞边的伞面改用透明材料,以扩大视线。

c. 将用手举的伞变换为用肩固定的伞或用头固定的伞,以方便骑车人或抱小孩者使用。

d. 可让伞成为可放音乐或带手电筒的伞等。

e. 可再增加一些新功能,如散发香味、发光等。

②新方案

a. 带透明伞边的伞。

b. 戴在头上的充气型小伞面伞。

c. 伞中藏有收音机或手电筒的花面金属架的伞。

第二节 缺点列举法

缺点列举法是通过挖掘产品缺点而进行创新的技法,即尽可能地找出某产品的缺点，然后围绕缺点进行改进。

【案例】 日本美津浓有限公司原是生产体育用品的一家小厂，为了使产品畅销世界各国，厂里的开发人员到市场上进行调查。在调查中，他们发现，初学网球者在打球时不是打不到球，就是打一个"触框球"，把球碰偏了，这让初学者备感烦恼。很多人都想，要是球拍大一点，兴许不会出现上述毛病。但是国际网联规定，球拍面积必须在710平方厘米之下。美津浓有限公司就专门做了一些比标准大30%的初学者球拍。这种球拍一上市果然非常畅销。后来他们又了解到初学者打网球时，手腕容易发生一种炎症，这种病被人们称为"网球腕"，病发原因是腕力弱的人在打球时发生了腕震。于是，该公司又发明了减震球拍，产品打进了欧美各国。

一、缺点列举法概述

1. 缺点列举法的操作程序

(1) 确定对象，做好心理准备。"金无足赤，人无完人"，任何事物都有缺点，要用"显微镜"去观察。

(2) 可用智力激励法、会议法、用户调查法、对比分析法，尽量详尽地列举"对象"的缺点、不足，也可展开调查，列出的缺点越多越好。

(3) 要多角度观察事物，按该研究主体的各个表征方面，如功能、性能、结构、形状、工艺、材料、经济、美观等，将所有缺点整理归类，找出有改进价值的缺点即突破口。

(4) 针对缺点进行分析，找出最主要的缺点首先改进，创造理想、完善的新事物。

2. 缺点列举法的优缺点

(1) 优点：直接强调问题意识，有利于打破思维定势，直接涉及产品问题，简捷、高效。适用于产品改造。

(2) 缺点：仅提出问题，没有解决问题，若想深入分析，必须与其他方法结合。

缺点一般是指原理不合理，材料不得当，无实用性，欠安全，欠坚固，易损坏，不方便，不美观，难操作，占地方，过重，太贵……例如：图钉掉在地上扎脚、扎车胎→发明钉头朝下的图钉。热水瓶保温效果不好，倒水不方便，携带不便→从保温材料上进行改进，采用新型保温材料；从结构上改变→气压热水瓶；小型携带式→保温杯。

二、实例分析

【实例1】 电子石英男手表缺点列举

(1) 防水性能不好，易进汗、水，影响电子元件，造成走时不准。

(2) 镀层不耐磨。

(3)日期看不清。

(4)无声音报时,当没观看条件时使用不方便。

(5)款式少。

(6)没有配套的包装盒。

(7)加工工艺烦琐。

(8)功能少。

(9)档次不全。

(10)手表的佩戴方式单一。

(11)表带扣不牢。

(12)夏天戴在手腕上容易起湿疹。

缺点整理:

结构问题:(1)(11)

品种问题:(3)(4)(5)(8)(9)(10)

工艺问题:(2)(7)(12)

包装问题:(6)

从中选出亟待解决、最容易解决、最有实际意义或最有经济价值的内容,作为发明创造的主攻方向。

【实例2】 电冰箱的改进

(1)确定对象为电冰箱。

(2)列举缺点并整理,有改进价值的缺点如下:

①使用氟利昂,造成环境污染。

②高血压患者给电冰箱除霜时,冰水易使人手毛细管及小动脉迅速收缩,使血压骤升,造成"寒冷加压"现象,危及人身安全。

③使冷冻方便食品带有李斯特氏菌,可引起人体血液中毒、孕妇流产等。

(3)提出改进创新方案。

①开发不用氟利昂的新型冰箱,如"磁冰箱",这种电冰箱没有压缩机,采用磁热效应制冷。

②改进冰箱的性能,研制自动定时除霜、无霜冰箱。

③研制一种能消灭李斯特氏菌及其他细菌的"冰箱灭菌器",作为冰箱附件。

【创意列举】 浮现时钟

这款时钟没有分针和秒针,只有指示小时的数字。在午夜0点时,表盘上一片空白,随着时间的流逝,数字则会从1开始一个个地逐渐浮现出来。到中午12点时,所有的数字都会显现在表盘上。而过了中午之后,数字则会从1开始逐渐消失。周而复始的数字轮换,象征了时间的更迭和流逝,表现出了特别的意义。

第三节 希望点列举法

希望点列举法是指通过提出对产品的希望作为创新的出发点,以寻找创新的目标的一种创新技法。许多东西都是根据人们的希望和需求发明出来的。例如:人们希望像鸟儿一样飞上蓝天,于是发明了飞机和热气球;人们希望冬暖夏凉,于是发明了空调……

希望点列举法提出的希望有些是从缺点直接转化而来的,对事物某方面的不满,转变为对此改进的希望。与缺点列举法相比,它能从正面、积极的因素出发考虑问题,不受现有事物的约束,可以把旧事物整体看成缺点,这样易产生大的突破,能够在更大程度上开阔思考问题的空间。

一、希望点列举法的操作程序

(1)确定对象。

(2)提出希望点或者收集社会、公众在某些方面的希望。

(3)对收集到的发明创造进行分类整理后,根据可行性原则,将某些希望确定为发明创造的目标。这一点十分重要。希望都是美好的,但美好的希望很多在现实生活中不可能成为现实,同时还要注意它的先进性和实用性。最后提出创新方案。

整体思路为:激发人们的希望→收集人们的希望→比较研究各种希望→选择有价值的希望。

希望点列举法要注意科学性、扩展性、灵活性和新颖性。

【案例】 美国拍立得公司的经理埃德蒙·兰德,有一次给他的爱女拍照,小姑娘迫切地想看到刚刚拍摄的照片。

于是,兰德决心发明出一种1~2分钟就能看到照片的新型相机。目标确立后,兰德在不到半年的时间内,就研制出了瞬时显像照相机,取名为“拍立得”,它可以在60秒内洗出照片,所以又称“60秒相机”。这种相机投入市场后,受到了人们的热烈欢迎。而“拍立得”公司的销售额从1984年的150万美元猛涨到1995年的6500万美元,10年中增长40多倍。

二、实例分析

下面以轴承为例对希望点列举法加以说明：

(1)确定对象为轴承。

(2)提出希望点。发明轴承是为了减少机械运动的摩擦，那么：

①能否尽可能地减小旋转轴和轴承(滑动)的接触面？

②能否进一步降低旋转轴和轴承(滑动)接触面间的摩擦系数？

③能否找到或制造使摩擦系数为零的润滑剂？

④能否在轴转动时，使旋转轴与轴承(滑动)互不接触？

(3)提出创新方案。

①在轴套部分吹入高压空气，用空气层代替润滑剂，减少摩擦。

②根据磁性材料同极相斥的原理，研制磁性无接触轴承。

③利用超导材料的特性，研制轴悬浮轴承。

【学生发明案例】

(1)小狗报信信箱。

(2)不洒墨水的墨水瓶。

(3)自动送签器。

(4)自锁式衣钩。

(5)任意等分角器。

(6)简易种豆器。

第四节　焦点列举法

一、焦点列举法的概念

从思维形式看，焦点列举法有两个思考过程：一是对所选的参考物进行发散思维；二是将发散思维所得结果往研究对象上进行聚焦，这一聚焦过程正是集中思维的过程，这也是这种方法被称为“焦点法”的原因。

二、焦点列举法的特点

焦点列举法思考的自由度较大，并介绍了进行类比联想的最基本的方法。这种方法能在很短的时间内，使我们的思维进入想象过程。聚焦后提出的产品设想多数都具有奇特、新颖、浪漫色彩的特点，这种方法尤其适用于日用工业品的产品开发，是一种提出产品设想的好方法。

三、焦点列举法的操作程序

(1)选择研究对象，并以此作为研究焦点。

(2)任选一个物体作为参考物。

(3)一一列出参考物的特征，再由这些特征出发进行发散联想。

(4)把由这一事物引起的联想与焦点联系，一一进行组合联想，并列出设想方案。

(5)对设想方案进行评价、选优。

【实例】 提出新型白炽灯的改进方案

焦点：白炽灯

参考物：苹果

苹果的属性及由此进行的发散联想如下：

①有香味——酒香——香水——香水瓶——薰蚊子；

②甜的——糖——晚上吃——儿童——米老鼠图案；

③红、绿两色——黄、绿两色——可变色的。

将联想出来的各种具有启发性的待征与焦点白炽灯联系，并由此进行组合联想(聚焦)。例如：

选择①时有：带香味的灯，可放于销售酒香商品处的酒香灯，以供顾客们挑选；香水灯：具有各种香水瓶及其他瓶子外观。

选择②时有：可食的生日蛋糕上的甜灯；晚上吃的，像夜明珠一样闪光的夜明珠灯糖，儿童能玩又能吃的各色发光糖果；米老鼠及其他动物图案的玩具灯。

选择③时有：双色灯、组合灯、变色灯。

四、思维训练

焦点：椅子

参考物：灯泡

球形：足球——花球——花冠——花瓣；

发光：闪烁——耀眼——报警——监视；

发热：热——汗——风——凉——冷——冰——水；

灯座：螺纹——滑道——冰鞋——冰刀；

玻璃：石头——塑料——木头——毛竹——草——纸；

钨丝:金条——银元——荷叶——阳伞。

第五节 成对列举法(双焦点法)

成对列举法是通过列举两种不同事物的属性,并在这些属性间进行组合,通过相互启发而发现发明目标的方法。

一、成对列举法概述

成对列举法是在属性列举法和焦点法的基础上形成的,该方法利用列举法务求全面的特征,又吸取了强制组合法易产生新颖想法的优点,更容易产生独特的创意。研究目标的确定是创造活动的起点,当人们想要创造发明,却又找不到题目时,可以利用成对列举法得到启发,从而找到好题目。

二、成对列举法的操作程序

(1)确定两个事物为研究对象。

(2)分别列出两个事物的属性。

(3)将两个事物的属性一一进行强制组合,如图 13 - 1 所示。

(4)分析、筛选可行的组合,形成新的设想。

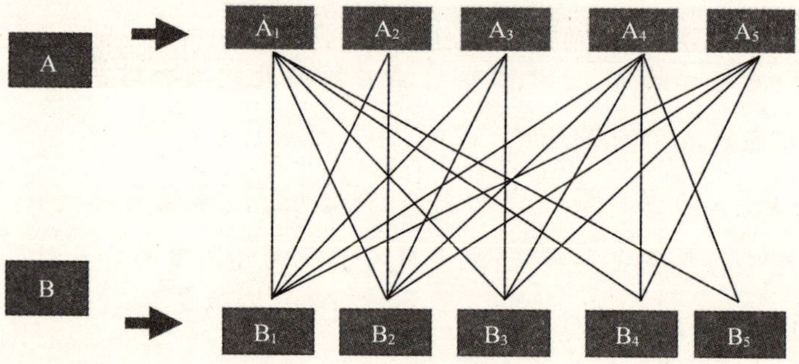

图 13 - 1 两个事物的组合

【实例】 椅子和豆腐的组合

能坐——气泡:有气泡并在水上浮的椅子。

牢固——气泡:由气泡做成的椅子很牢固。

能坐——软:软并且能伸缩的椅子,携带方便。

牢固——不牢固:可拆卸分散或固定组合。

有固定形式——无固定形式:变形的椅子,可坐、可躺、可睡。

白色——固定形式:外观有多种颜色。

组合图如图 13－2 所示。

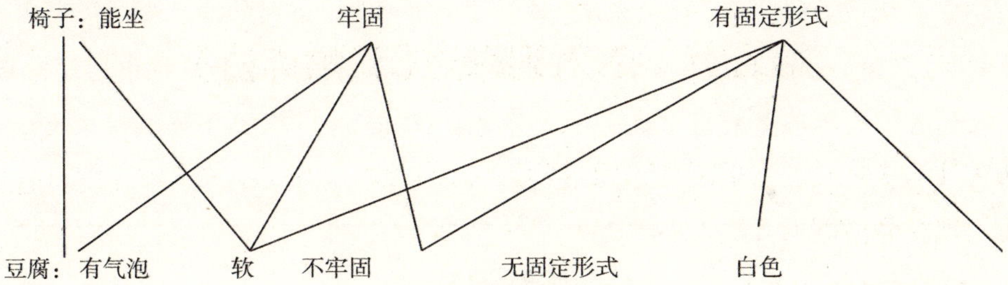

图 13－2　椅子和豆腐的组合

三、思维训练题

对灯泡与椅子进行组合。

灯泡:玻璃、球形、发光、透明、螺口、电、开关;

椅子:座板、靠背、脚、扶手。

参考:玻璃椅子,球形椅子,螺旋式插入转椅,电动椅,遥控椅,透明的座椅,椅背上带灯、可供看书的椅子。

列举法学案

一、思维导图

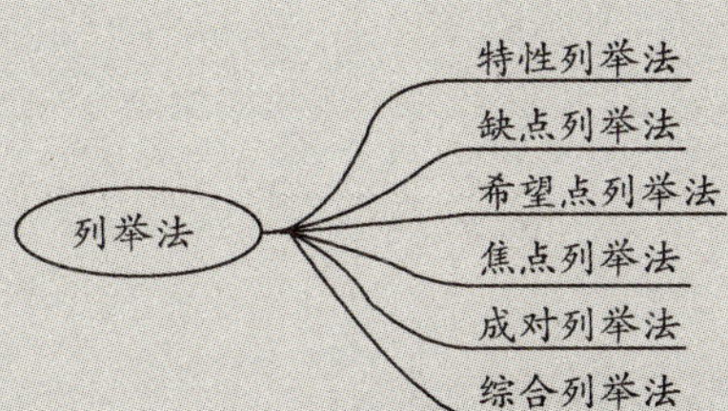

二、基础夯实

1. 按照所列举对象的不同,列举法可以分为________、缺点列举法、________、焦点列举法、________和综合列举法。

2. 请说明缺点列举法的操作流程。

三、创新思维训练

1. 请运用缺点列举法和希望点列举法对生活中的两件日常生活用品进行列举并改进(不要和以上所举事例重复)。

2. 中国最著名的兵法《孙子兵法》传诵于世界各地,美国的西点军校就将其列为必修教材,里面的很多兵法其实就是从作者经历或了解的战争和战役中总结出来的。你能从你所学过的历史教材中找出一次著名战役,运用列举法分析说明这次战役给你的启示吗?

创意项目表

姓　名		年级、班级	
创意名称			
项目内容描述及配图			

第十四章　设问法

【案例】　创新名家——“一日一创”的奥斯本

奥斯本没有上过大学，文化程度不高，1938年，21岁的他失了业。他时刻梦想着做一名受人尊敬的新闻记者。为了实现自己的梦想，他鼓足勇气去一家小报社应聘。主编问：“你有多少年的写作经验？”奥斯本回答：“只有3个月。不过请你先看看我写的文章吧！”主编接过他的文章看了后，摇着头说：“年轻人，你这篇文章写得不怎么样，你既无写作经验，又缺乏写作技巧，文笔也不够通顺；但是你这篇文章也有独到的地方，内容上有独到的见解，这个独到的东西是创新。这就很可贵！凭这一点，我愿意试用你3个月。”奥斯本由此领悟到“创新性”的可贵，明白了自己的优势所在，他决心做一个有创新能力的人。他反复研究主编给他的大叠报纸，又买回其他各种报纸进行比较。第一天上班后，奥斯本就迫不及待地冲进主编的办公室，大声说：“主编先生，我有一个想法。”主编瞪大眼睛看着这个毛头小伙子。他不顾主编的表情，只顾着按照自己的思路说下去：“广告是报纸的生命线，我们无法与各大报纸竞争大广告，而小工厂、小商店也做不起大广告，他们又急于把自己的产品或商品告诉更多的人，我们何不创造条头广告，以低廉的收费满足这一层次的工商业者的需要呢？”主编说：“好啊！真是一个了不起的想法！”这就是现在报刊上广泛采用的一条一条的分类产告。奥斯本坚持每天提一条创新性的建议，两年后，这张小报成为一个实力雄厚的报业托拉斯，奥斯本也当上了报业集团拥有巨额股份的副董事长。

设问法分为检核表法、和田十二法、5W2H法、七步法、行停法和八步法。

第一节　奥斯本设问法

奥斯本设问法又称“检核表法”或“分项检查法”，它是以技法的发明者奥斯本命名的，从需要解决的问题或需要创新设计的对象出发，从多方面列出一系列的相关问题，然后逐个地加以分析、讨论，从而确定出最好的创新方案的技法。

如果把创造、创新活动比喻成过河的话，那么方法和技法就是过河的桥或船。创新技法的应用既能直接产生创新成果,也能启发人的创新思维,可以提高人们的创造力、创新能力和创造、创新成果的实现率。发明创造的关键是能够发现问题、提出问题,要对任何事物都多问几个为什么。奥斯本根据需要解决的问题或创造的对象列出有关问题,一个一个地核对、讨论,从中找到解决问题的方法或创造的设想,这就是奥斯本九步检核设问创新法(见表14-1)。

表14-1　奥斯本的九步检核表法

序　号	检核项目	含　义
1	能否他用	现有的事物有无其他的用途;保持不变能否扩大用途;稍加改变有无其他用途
2	能否借用	能否引入其他的创造性设想;能否模仿别的东西;能否从其他领域、产品、方案中引入新的元素、材料、造型、原理、工艺、思路
3	能否改变	现有的事物能否做些改变,如颜色、声音、味道、式样、花色、音响、品种、意义、制造方法;改变后效果如何
4	能否扩大	现有的事物可否扩大适用范围;能否增加使用功能;能否添加零部件;能否延长它的使用寿命,增加长度、厚度、强度、频率、速度、数量、价值
5	能否缩小	现有的事物能否体积变小、长度变短、质量变轻、厚度变薄以及拆分或省略某些部分(简单化);能否浓缩化、省力化、方便化、短路化
6	能否替代	现有的事物能否用其他材料、元件、结构、设备、方法、符号、声音等代替
7	能否调整	现有的事物能否变换排列顺序、位置、时间、速度、计划、型号;内部元件可否交换
8	能否颠倒	现有的事物能否从里外、上下、左右、前后、横竖、主次、正负、因果等相反的角度颠倒过来用
9	能否组合	能否进行原理组合、材料组合、部件组合、形状组合、功能组合、目的组合

奥斯本设问法的核心是设问,通过设问来进行创新。基本步骤是:首先选定一个要改进的产品、方案或问题:然后根据产品、方案或问题,从不同的角度提出一系列的问题,产生大量的思路后逐个讨论核对;最后根据提出的思路进行筛选和进一步思考、完善。

一、奥斯本设问法的内涵

奥斯本检核表法是设问法中最为典型的技法,它具有设问法的基本特征。由于设问形式的表达能使作答者处于较为自然、轻松的状态,给人以可以商量的感觉,往往对人启发较大,特别是对于试探性的内容,用问句形式更为合理,因此检核表中的各项具体内容较多地采用了设问的方式。在考虑某一问题时,将多数人常利用的智慧或办法搜集在一起，制成一览表，对每个项目逐一进行检查，以避免遗漏要点，这就是奥斯本检核表法。这种一览表可以随身携带，便于有关人员查找及进行创造性设想时使用，就如上街时携带的预先制成的购物清单，它的作用就是检核，以免遗忘。当然，用于产生设想或解决问题的检核表并不是只具有检核功能的保守性的一览表，其更主要的功能是指导人们进行多角度的创新，即所谓“创新性”的一览表。

奥斯本检核表法从 9 个不同的角度，启发我们提出与思考问题，使思路向正向、侧向、逆向、合向发散开来。换句话说，它的侧重点是提出与思考问题的角度，而不是步骤；它的核心是启发，发挥复杂联想的力量。所以，奥斯本检核表法的应用要点是利用它的启发作用，不必死记硬背，也不必非按它的顺序不可。

二、奥斯本检核表法的优缺点

1. 优点

(1) 奥斯本检核表有助于人们打破各种思维定势，以问题的形式激发人们的想象力，使其敢于对现实产品展开自己的想象。

(2) 奥斯本检核表提醒人们从各个角度、观点去看问题，避免了单一化的思维方式，从而使问题得到较好的解答。

(3) 奥斯本检核表内容丰富，可启发人们应用于各个方面，如开发新产品，进行设计、销售、广告等，它为解决创造发明问题提供了很好的解决问题的思路，为创造发明指出了方向。

(4) 经常使用奥斯本检核表能提高人们的思维素质，有利于突破不愿提问的心理障碍，会使人们善于提问、思考、想象，善于变换思考角度。

(5) 奥斯本检核表法的适应性强，不论对象和专业如何，都可以相应地列出很多检核问题。

2. 缺点

奥斯本检核表问题过细、过多，实施起来比较复杂。有学者认为，该技法一般很难取得较大的突破性成果。

大多数人看见美丽的花时会说“多美的花”，只有少数人会继续发问“花为什么会这样红”“为什么花会开在这里”，并积极地寻求答案。

三、奥斯本设问法的特点

设问法实际上就是提供了一张提问的单子，通过各种假设式的提问寻找解决问题的途径。

设问法是围绕创新对象或需要解决的问题发问，然后针对提出的具体问题予以研究解决的创新方法。其特点是：强制性思考，有利于突破不善于思考提问的思维障碍；目标明确、主题集中，在清晰的思路下引导发散思维。

设问法是围绕老产品提出各种问题，通过提问，发现老产品存在的问题或者不能满足消费者要求的地方，从而找到需要革新的方面，开发出新的产品来。

【案例1】 日本京都有家生产编席的小厂，由于地毯盛行，编席的订货量逐年减少，正面临着关门的危险。工厂经理人员经过反复思考，认为只要设计出一种新颖的编席，订货量还是会接踵而来的。

那么，设计新颖的编席该从何处着手呢？

有一个经理人员提出：不妨试用塑料纤维编席子。另一个经理人员则提出：试一下，把黑席边换成彩色席边。后者比较简单。他们就找来各种彩色布包边，果然十分漂亮，但是感到还不够新颖。有人就提出，如果把闪闪发亮的金丝编入席边，那一定会更好看。大家对这一方案兴趣极大，结果一种带金丝席边的编席就问世了。这种新颖的席子不仅十分畅销，而且还取得了专利。

这种用设问开发新产品的方法，就是人们经常使用的一种创造技法——设问法。

【案例2】 运用奥斯本检核表法对水龙头进行改良设计

本设计主要是运用奥斯本检核表法对水龙头进行改进。具体的分析过程如表14-2所示。

表14-2　用奥斯本检核表法对水龙头进行的分析

序　号	检核项目	各种发散性设想	出选方案
1	能否他用	作为照明装置使用，带有LED装饰灯的水龙头，是一款环保产品，它利用水流自动发电，不需要安装电池	当有水流动时，触点开关接通电源，LED亮起，营造出梦幻的感觉；无液体流动时，则触点开关关闭，LED灭。内镶自动化控制系统，我们能根据LED指示灯的颜色判断水温高低
2	能否借用	借助电脑技术，智能水龙头	带触摸屏的水龙头，水龙头的触摸屏上面被用来进入E-mail，可以测出外部气温等

续表

序号	检核项目	各种发散性设想	出选方案
3	能否改变	水流可以自由调整	将汽车的挡位控制用到水龙头的设计上,可以通过更换不同的挡位来控制不同的水流量。现在全世界都在提倡节约用水,使用这个水龙头就能帮助我们很方便地节约用水,用水较多时就开大挡,只是洗洗手的话开个小挡就够了
4	能否扩大	水龙头可以放音乐,当水从水龙头里流出的时候,就会出现悠扬的音乐	音乐的流动好比水从水龙头里流出。按下水龙头水流停止,水龙头一关音乐即止
5	能否缩小	方便、可折叠的水龙头	由于运用了类似关节的结构,高度、出水角度调整非常方便,功能性非常好。有着机械关节、可延伸、可调整的水龙头,就和工作台灯的机械臂一样,不用时可以紧凑地缩成一块
6	能否替代	材料替代	以钢、铜、石、竹、木、骨等材料制作,增加抗摔、耐磨性,更加结实、轻便
7	能否调整	毛巾架和水龙头是分开的,可将两者结合在一起	如果你家的卫生间面积狭小,或者你更喜欢高度集中式简约设计,我想应该试试这款多功能水龙头,它将毛巾架与水龙头整合在一块,很好地解决了空间利用的问题
8	能否颠倒	位置颠倒,拥有向上、向下两个出水口	主要功用还在向上的出水口上,我们洗漱时无须口杯,只要通过简单的按钮切换,让水朝上涌出,直接将嘴凑上去就能漱口。还可以用这个水龙头冲洗我们的脸

续表

序号	检核项目	各种发散性设想	出选方案
9	能否组合	与饮水机、净化器组合	这款水龙头还配有一种独特的三通道技术，在传统的热水和冷水通路之外增加了一个净化水通道，从而可以获得直接饮用的纯净水

检核表法学案

一、思维导图

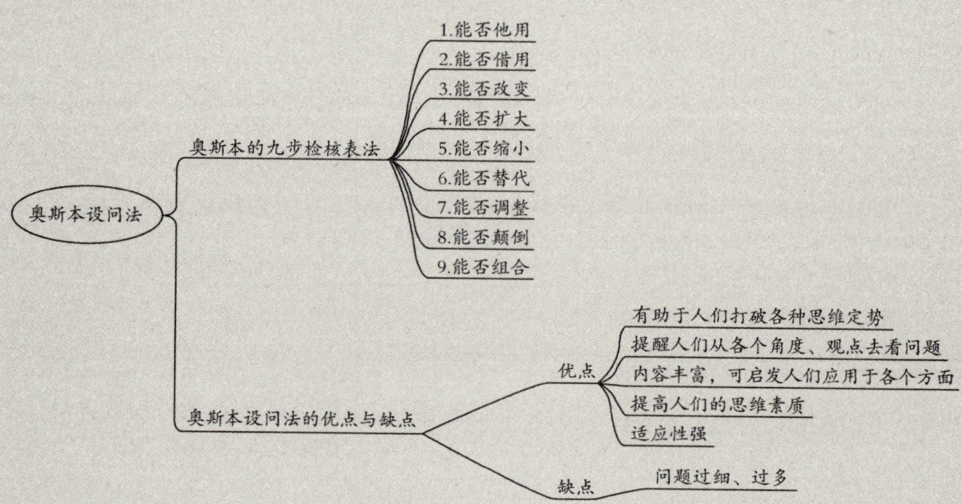

二、基础夯实

1. 奥斯本设问法又称__________或__________，它是以技法的发明者奥斯本命名的。

2. 奥斯本设问法的核心是________，通过设问来进行________。

3. __________是设问法中最为典型的技法，它具有设问法的基本特征。

4. 奥斯本检核表法主要有以下优缺点：

(1)优点：

①奥斯本检核表有助于人们打破各种思维定势，以问题的形式激发人们的想象力，使其敢于对现实产品展开自己的想象。

②奥斯本检核表提醒人们从各个角度、观点去看问题,避免了单一化的思维方式,从而使问题得到较好的解答。

③奥斯本检核表内容丰富,可启发人们应用于各个方面,如开发新产品,进行设计、销售、广告等,它为解决创造发明问题提供了很好的解决问题的思路,为创造发明指出了方向。

④经常使用奥斯本检核表能提高人们的思维素质,有利于突破不愿提问的心理障碍,会使人们善于提问、思考、想象,善于变换思考角度。

⑤奥斯本检核表法的适应性强,不论对象和专业如何,都可以相应地列出很多检核问题。

(2)缺点:奥斯本检核表问题过细、过多,实施起来比较复杂。有学者认为,该技法一般很难取得较大的突破性成果。

5. 检核表法可以检核各方面的内容,也可以对任何物品进行思考分析引出发明,所以是一种综合的创造发明技法。学生可以练习(如手电筒),通过检核表法能否检核出新的发明思路,如下表所示。

	检核的内容	引出的发明
针对现有的各项产品或发明,如手电筒	还有无其他的用途,包括稍作改革就可以扩大的用途	
	能不能引入其他的创造性设想,或借用、代替	
	能不能改变形状、制作方法、颜色、音响等	
	能不能扩大使用范围,延长使用寿命	
	能不能缩小体积、减轻质量或分割化小等	
	能不能找到代用品	
	能不能更换一下型号、顺序	
	能不能颠倒过来用	
	能不能和其他产品(发明)组合在一起	

创意项目表

<table>
<tr><td>姓　名</td><td></td><td>年级、班级</td><td></td></tr>
<tr><td>创意名称</td><td colspan="3"></td></tr>
<tr><td colspan="4">项目内容描述及配图</td></tr>
<tr><td colspan="4"></td></tr>
</table>

第二节　和田十二法

夜光粉是一种用量少、用途不大的发光材料，多用于钟表和仪表。现在有人提出，能否将它的用途变得更大？这个设问帮助人们研制出了夜光纸，可以裁剪成任何形状贴在夜间黑暗的环境中，指示开关位置所在，既方便又安全，也可以贴在火柴盒上、煤油灯座上、山区公路转弯处、楼梯扶手处等。

这种发明技法叫“设问发明法”。设问发明法根据需要解决的问题，或需要创造发明的对象列出有关问题，然后一一核对思考，促进创造发明。可以提出如下问题：现有的发明有无其他用途？能否引入其他创造性设想，或替代，或借用？现有的发明可否改动一下？可否缩小、减轻、分割？可否扩大用途，延长寿命？可否更换型号或顺序？可否颠倒过来？有无替代用品？现有的几种发明是否可以组合在一起？……从这些设问中可以获得解决问题的方法和创造发明的设想。

我国的创造学专家根据美国著名的创造学奠基人奥斯本的检核表法，通过实践和研究，总结出了一套具有中国特色的检核表法，即12个“聪明的办法”。

一、加一加

把一件物品在原有的基础上进行改进（加大、加长、加高、加宽）就是创新，使物品在形态、功能、尺寸上有所变化，方便使用。

【案例1】　望远镜是怎样发明的？

400多年前，荷兰朱德尔堡有个叫普尔斯哈依的眼镜匠，他一天到晚琢磨快速完成工作的方法，于是他发明了一些小工具和器材，从此买卖兴隆起来。

一天，他的孩子把店里摆设的透镜片拿到楼上去玩，孩子们想：“一个镜片能把东西看得很大，把两个重叠起来会怎么样呢？”当他们把镜片重叠起来注视前方时，突然大声喊起来：“哎哟！真奇怪！教堂显得真近呀！”父亲听到喧哗声后也上楼试了试，并一直研究下去，最后发明了望远镜。

【案例2】　南京的一个小学生发现，上图画课时，既要带调色盘，又要带装水用的瓶子，很不方便。她想，若是将调色盘和水杯“加一加”，变成一样东西就好了。于是，她提出了将可伸缩的旅行水杯和调色盘组合在一起的设想，并将调色盘的中间与水杯底部刻上螺纹，这样，可涮笔的调色盘便产生了。

通过“加一加”实现创新的实例还有：

(1)TCL 手机加宝石,加的是时尚。

(2)MP3 加上收音机的功能就更贵一些;海尔冰箱加上电脑桌的功能,在美国大受欢迎;手机加上照相的功能便价格不菲;苹果公司的 iPod 加上播放器和电影的移动存储功能后利润远远大于电脑。

(3)人没法长高,鞋底加高就能使人"长高",鞋子的销量大增。

(4)咨询业强调附加价值,买一赠一,做咨询策划送培训,除了提供主要培训内容外,还提供诸如提升销售能力、情商、领导力和时间管理的技巧等。

(5)现代的文具公司把文具组合改进提高,有的还在盒子上安装有电子表、温度计,甚至使其成为一个变形金刚等,五花八门,千变万化。尽管其内部的文具就那么几种,但由于它的盒子花样多了,迎合了小孩的心理和兴趣,所以销量越来越大。

(6)现在的房地产行业也在进行"加一加"的创新,销售房子时会强调周边环境、配套设施,如果附近有商超、学校、医院、地铁和公交车站,那么房价就更贵一些。比如,若房产周边是公共花园,宣传时就会把房产与健康相加,打出"有氧运动就在家门口"的口号。

(7)把普通的印刷铅字加大一点,使其成为大号字,便于老年人阅览。

(8)把普通的雨伞加大一点,使其成为海滨游泳场的晴雨两用伞。

(9)铅笔和橡皮原来是分开的两件东西,美国威廉通过"加一加"的方法发明了橡皮头铅笔。

(10)将帽子和衣服加在一起,就有了带帽子的风雪大衣。

(11)将 X 射线照相装置同电子计算机加在一起,就有了"CT 扫描仪",该仪器对诊断脑内疾病和体内癌变等具有特殊效能。

二、减一减

省略(减少、减短、减窄、减轻、减薄)一件物品中不必要的部分,使它的形态、功能发生变化。例如:

(1)隐形眼镜就是将镜片减薄、减小,并减去了镜架而发明的。

(2)移动硬盘是越小越方便携带,销路越好。

(3)大米改成小包装反倒卖得更快。

(4)减去目前市面上高功能数码照相机的不常用功能,可以使相机的成本降低,满足一部分经济型消费者的需求。

(5)在企业管理中,有时候要减少员工,进行末尾淘汰,这样才能保持组织持续进步的活力。

(6)进行产品销售时,减少顾客的购买成本,降低顾客的购买风险才能赢得更多顾客。

(7)企业有时候要减掉非核心主业,锻造专业化。

(8)电子管改成集成块后,体积缩小了。

(9)钢铁架帆布帐篷改为充气塑料帐篷后,质量大大减轻了。

三、扩一扩

把一个物品的功能、用途、使用领域放大或扩展,使它的功能产生明显的变化。例如:

(1)内存是越扩越贵。

(2)通过“扩一扩”的方法设计出了“情侣伞”——将伞面积扩大,并呈椭圆形,这种伞在市场上很畅销;把普通雨伞加大一点,使其成为海滨游泳场的晴雨两用伞。

(3)海尔冰箱销往国外发展中国家后,当地居民把冰箱作为大件装饰品,把它们摆在显眼的位置上,越大就越觉得阔气,于是海尔公司就针对他们的需求把冰箱外观做大一些,结果销路甚好;海尔公司为了满足四川农民用洗衣机洗土豆的需求,扩大了过滤孔,创造出了深受当地农民喜爱的产品。

(4)将牙膏口扩大一点,减少消费者的使用时间,增加他们的购买频次,也同样可以实现销量增加。

(5)国美并购永乐,旨在扩大渠道,由并购增强规模优势,增加谈判筹码,获得高额利润。江南春的分众传媒并购虞锋的聚众也是同样的道理。

(6)放大镜、显微镜、宽银幕电影、投影电视,都是运用了“扩一扩”的技法。

(7)在日本,有人利用吹风机去烘潮湿的被褥,扩展了它的用途。后来在此基础上发明了一种被褥烘干机。

(8)把一般的望远镜扩成又长又大的天文望远镜,它的能见度是人肉眼的4万倍,放大率达3000倍。用这种望远镜看星空,38万千米远的月亮,就好像在128千米的近处一样。

四、缩一缩

压缩或降低一个物品的体积或者改变它的功能,给人的使用带来方便。例如:

(1)MP3、MP4是越小越贵。

(2)掌中宝电脑、折叠自行车,以及压缩饼干、袖珍收音机、袖珍雨衣、书籍的缩印本、袖珍词典都是采用的缩的创意。

(3)蒙牛牛奶有一种闪蒸工艺,能够缩掉一部分水分,使得牛奶更醇厚,口感更好,口味更香。

(4)海尔公司为了满足美国人的需要,制造出了一种小型的冰箱,深受欢迎,在美国成为微型冰箱市场的老大。

(5)一位医师设想利用气球作为疏通血管的工具。把气球缩得很小(直径只有几毫米),然后将它系在一个特制的导管的一端插入病人的动脉血管,当它探到被脂肪阻塞的地方时,就给它充气,小气球膨胀后,就可以通过挤压清除沉积在那里的脂肪,使血液正常疏通。

(6)充气式地球仪的发明。石家庄市的一位同学发现,地球仪携带不方便,于是想到若把它压缩、变小,携带就方便了。他设想,若应用制作塑料球的办法制作地球仪,就可以解决这个问题。用塑料薄膜制的地球仪,用的时候把气吹足,放在支架上,可以转动;不用的时候把气放掉,一下子就能缩得很小,携带很方便。

五、变一变

使用某种方式、手段、程序等改变原有事物的形状、尺寸、颜色、味道、浓度、密度、顺序、场合、时间、对象、方式、音响等,给人以新鲜感,会更有使用价值,更受消费者欢迎。例如:

(1)立邦漆的颜色多变使它处处放光彩。

(2)斯沃琪(Swatch)手表款式多变,且注入了心情、季节、时尚等元素,因此很受欢迎。

(3)手机、家电通过变换款式抢先获得高额利润,如当年的摩托罗拉 V70 会旋转的手机以及夏新 A8 会跳舞的手机等都是变换款式的典范。

(4)改变卖法和策略往往会使销售变得简单。比如,圣诞前夜,某高校俱乐部前,一老妇守着两筐大苹果叫卖,因为天寒,问者寥寥,生意非常冷淡。一教授见此情形,上前与老妇商量几句,然后走到附近商店买来节日织花用的红彩带,并与老妇一起将苹果两两一扎,接着高叫道:“情侣苹果哟! 两元一对!”经过的情侣们甚觉新鲜,用红彩带扎在一起的一对苹果看起来很有情趣,因而买者甚众。不一会苹果就全部卖光了。

(5)服装的面料、款式、颜色、图案的变化,会带来更大的销量。

(6)将圆形铅笔变为六角形、扁圆形,不易滑手,不易从桌上滚下。

(7)圆珠笔从单色变为双色、三色等。

六、改一改

针对现有的做法提出意见，建议，以做得更好。改进物品原来的形状、性能、结构，使之出现新形态、新的功能。

“变一变”技巧带有主动性，它表现在发明者要主动地对事物进行各方面的变动，使这一事物保持常新。“改一改”技巧则带有被动性，它常常是事物缺点已暴露出来或人们已发现该事物的缺点后，人们才利用的发明技巧，即通过消除某种缺点的方式进行创造。因此，“变一变”对于思维灵活、善于创新的人较适合；“改一改”技巧对于初学者或较保守、不善于发现问题的人更适合。

例如：

(1)王老吉将卖点改为预防上火后，就迅速火了起来。

(2)他加她饮料产品没有变，改变包装后按男女分类，销量较之前大增。

(3)将缺点改成特色进行宣传，往往能达到以迂为直、以患为利的境界。比如，一水果商将遭受大火后外表皮烤得有点发黑但内部完好的香蕉宣称为阿根廷特色烤香蕉，结果引来很多人品尝购买。

(4)对雨伞的改进。为了防止雨伞被拿错，给伞布增加颜色和图案。为了防止刮风下雨时伞布遮住视线，改用透明的塑料作伞布。为了撑伞时拿东西方便，将雨伞设计成可戴在头上的帽式雨伞。另外，还设计出了带“储水器”的伞、带照明的伞等。

(5)将拨环式电话机改为按键式电话机，将单放机改为收音机，将单卡改为双卡……使产品朝着自动化、微型化、效率化、轻便化、简单化、省力化方向发展。

七、联一联

“联一联”就是看看事物之间有什么联系。例如：

(1)江南春通过海报联想到在电梯门口安电视，造就了分众传媒，带来了亿万财富。

(2)蒙牛通过将航天载人火箭与牛奶联系在一起，提升了其知名度和牛奶的品质。

(3)将产品与健康、人性、情感等复杂的东西联系到一起会更受欢迎。比如，可口可乐代表欢乐，统一鲜橙多代表漂亮，雕牌走情感诉求。

(4)农夫山泉通过纯净水和矿泉水养花试验，让人联想到久喝纯净水于身体无益，从而提升自己矿泉水的地位。

(5)珠宝戴在美女模特身上让人联想到美，钻石让人联想到永远。

八、学一学

“学一学”就是借鉴、综合别的物品的原理、形状、结构、颜色、性能、规格、动作、方法等），以求创新来实现新的发明。例如：

（1）松下公司不做技术的创新者，只做后来的改进者。学而不创，学而改优，令其产品快速跟进领先。其生产的录像机因放映时间长而胜过索尼，也为日本模仿加创新的企业形象增添了砝码。

（2）目前成功学市场上很多人走的是复制模仿路线。

（3）鲁班模仿茅草边缘的小齿，发明了锯。

（4）一位小发明家根据米筛的原理发明了方便的淘米器。平时淘米时，倒水很麻烦，一不小心，米就会流失。看了米筛的结构后，学着做了个半圆形的铁丝网罩在淘米桶上，这样再淘米时米就不会流失了。

九、代一代

代是指代用，如材料的代用、方法的代用及商品的代用等。它是指用其他的事物或方法来代替现有的事物，从而进行创新的一种思路。有些事物尽管应用的领域不一样，使用的方式也各有不同，但都能完成同一功能，因此，可以试着替代，既可以直接寻找现有事物的代替品，也可以从材料、零部件、方法、颜色、形状和声音等方面进行局部替代。看替代以后会产生哪些变化，会有什么好的结果，能解决哪些实际问题。例如：

（1）古代的阿基米德告诉我们，称重不一定要用秤，用浮力也可以。

（2）小学课本上的一则故事告诉我们，乌鸦喝水不一定非得打翻瓶子，扔石头也行。

（3）北京通过公交车卡大幅降价的措施，鼓励更多市民使用公交车出行，以缓解私家车给城市交通带来的压力。

（4）以塑料代钢，以喷塑代电镀，以集装代散装，可以生产出许多新的产品。

十、搬一搬

“搬一搬”就是移动、转做他用或是把物品的某一部件搬动一下，产生一种新的物品。例如：

（1）21 寸的彩电在城里没销路后，可转向边远农村，也许会打开新的销路。

（2）把电视机上的拉杆天线“搬”到圆珠笔上，发明了可伸缩的“圆珠笔教棒”。

（3）在黑板上用三角板画图形不方便，一位同学在三角板的三个顶角处各装一个小铁珠，这样，当三角板在黑板上移动时，可减小摩擦。

（4）做市场可以先难后易，在中心城市做第一品牌，用点连成线再辐射到面，蒙牛就是采用的这种做法；同样，海尔在进军美国市场时采用的也是先难后易的策略。

十一、反一反

把某一事物的形态、性质、功能反一反,发明出新的物品。许多新产品往往是上与下、里与外、左与右、前与后、横与竖反一反而发明出来的。例如:

(1)“以正合,以奇胜”,不具备逆向思维,难以取胜。《田忌赛马》的故事告诉我们,顺序颠倒、要素不变,就可以改变竞争的结局。

(3)逆向英语创始人钟道隆45岁学英文,别人宣扬速成,他讲究一点点听写,结果也在英语方面取得了很大的成就。

(4)《围魏救赵》的故事告诉我们,战争不用打,解决问题就行;《空城计》的故事告诉我们,守城不用守,用吓也行。

(5)皮革里外反一反,可成为翻毛制品。

(6)日本横山康子发明了两面都能穿的拖鞋,穿脱时只需的明确把拖鞋上的十字搭襻移到中央就行了。

十二、定一定

定指的是规定、约定。为了解决某一问题,或改进某一件东西,为了提高学习、工作效率和防止可能发生的事故或疏漏,需要作出一些明确的规定,如对新产品或事物定出新的标准、型号、顺序,从而导致创新。例如:

(1)为了使交通有秩序,防止事故发生,发明了信号灯。规定黄灯亮时,车辆停止行驶,已经越过停车线的车辆可以继续行驶;红灯亮时,禁止车辆通行;绿灯亮时,车辆通行。

(2)民航通过会员卡积分制度使乘客产生忠诚度。

(3)医师测定病人的体温要用温度计,温度计刻度的规定,是瑞典科学家摄尔休斯的一大创举。他规定,水结冰时的温度(冰点)为0℃,在一个标准大气压下沸水的温度(沸点)为100℃,中间分为100等份,每一等份为1℃。这就是摄氏温度计使用的“温标”,记为“℃”。

和田十二法学案

一、思维导图

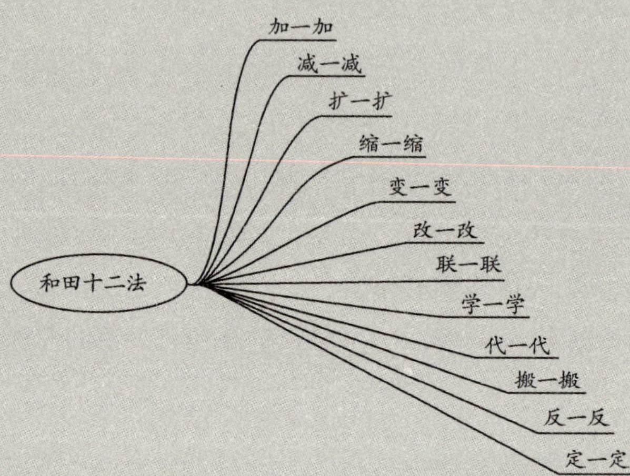

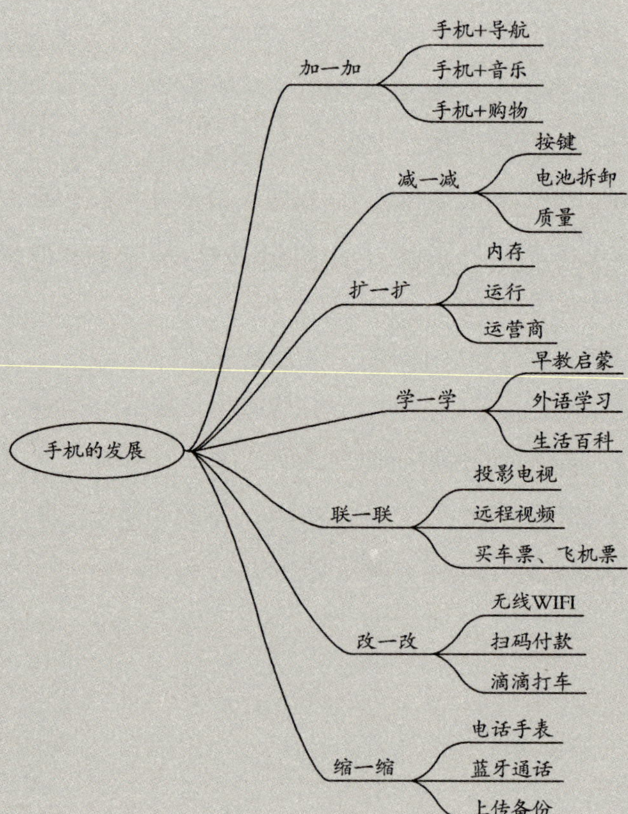

二、基础夯实

1. 观察与思考

请你观察周围的物品，并说明哪些是用“聪明的方法”发明的，用了哪一种方法，这种方法对你有什么启发。

2. 自由发明

观察周围的物品，并说明哪些地方需要改进、革新。请你巧妙而灵活地运用“聪明的办法”进行创造发明。

为了节省空间，增加灵活性，请运用“缩一缩”的方法发明一种折叠用具。可通过画图说明，也可以用纸板制成模型来说明。

创意项目表

姓　名		年级、班级	
创意名称			
项目内容描述及配图			

第三节　其他发明方法

一、5W2H 法

5W2H 法就是从 7 个方面去设问。这 7 个方面的英文首字母正好是 5 个 W 和 2 个 H，所以称为“5W2H 法”。7 个方面分别是：

（1）为什么需要革新？（Why）

（2）什么是革新的对象？（What）

（3）从什么地方着手？（Where）

（4）什么人来承担革新任务？（Who）

（5）什么时候完成？（When）

（6）怎样实施？（How）

（7）达到怎样的水平？（How much）

二、七步法

这是美国著名创造学家奥斯本总结出来的一套设问方法。设问的七步是：

第一步，确定革新的方针。

第二步，收集有关资料和数据，做革新的前期准备。

第三步，将收集到的资料和数据进行分析。

第四步，将自由思考生产出来的各种各样的创造性设想一一记录下来，并构思出革新方案。

第五步，提出实现革新方案的各种创造性设想。

第六步，综合所有的资料和数据。

第七步，对实现革新方案的各种创造性设想进行评价，筛选出切实可行的设想。

三、行停法

这是美国著名的创造学家奥斯本研究总结出来的一套设问方法。该方法通过“行”（go）——发散思维（提出创造性设想）与“停”（stop）——收束思维（对创造性设想进行冷静的分析）的反复交叉进行，逐步接近所需解决的问题。行停法的操作步骤是：

(1)“行”(go)——想出与所需要解决的问题相关联的地方。

(2)“停”(stop)——对此进行详细的分析和比较。

(3)“行”(go)——对解决问题有哪些可能用得上的资料。

(4)“停”(stop)——如何方便地得到这些资料。

(5)“行”(go)——提出解决问题的所有关键处。

(6)“停”(stop)——决定最好的解决方法。

(7)“行”(go)——尽量找出试验的方法。

(8)“停”(stop)——选择最佳的试验方法。

……直至发明成功。

例如,日本发明家人工养珠的过程。他先通过“行”,提出与人工养珠相关的一系列问题,如“如何启开蚌贝壳?”“用何种物质代替沙粒作为珠心?”“把珠心投置于蚌贝内哪一处?”“含着珠心的蚌贝如何饲养?”……然后,他搜集有关资料,进行冷静的分析,并提出试验的方法。这个过程就是“停”——收束思维的过程。在试验中,他又通过“行”提出了许多疑问,然后,再经冷静分析(即“停”)来解决自己提出的疑问,最后终于发明了人工养珠的方法。

四、八步法

这是由美国通用电气公司总结研究出来的一套设问法,分为认清环境、设定问题范围与定义、收集解决问题的创造性设想、评价比较、选择最佳方案、初步设计、实地试验和追踪研究等八步。

其他发明方法学案

一、其他发明方法思维导图

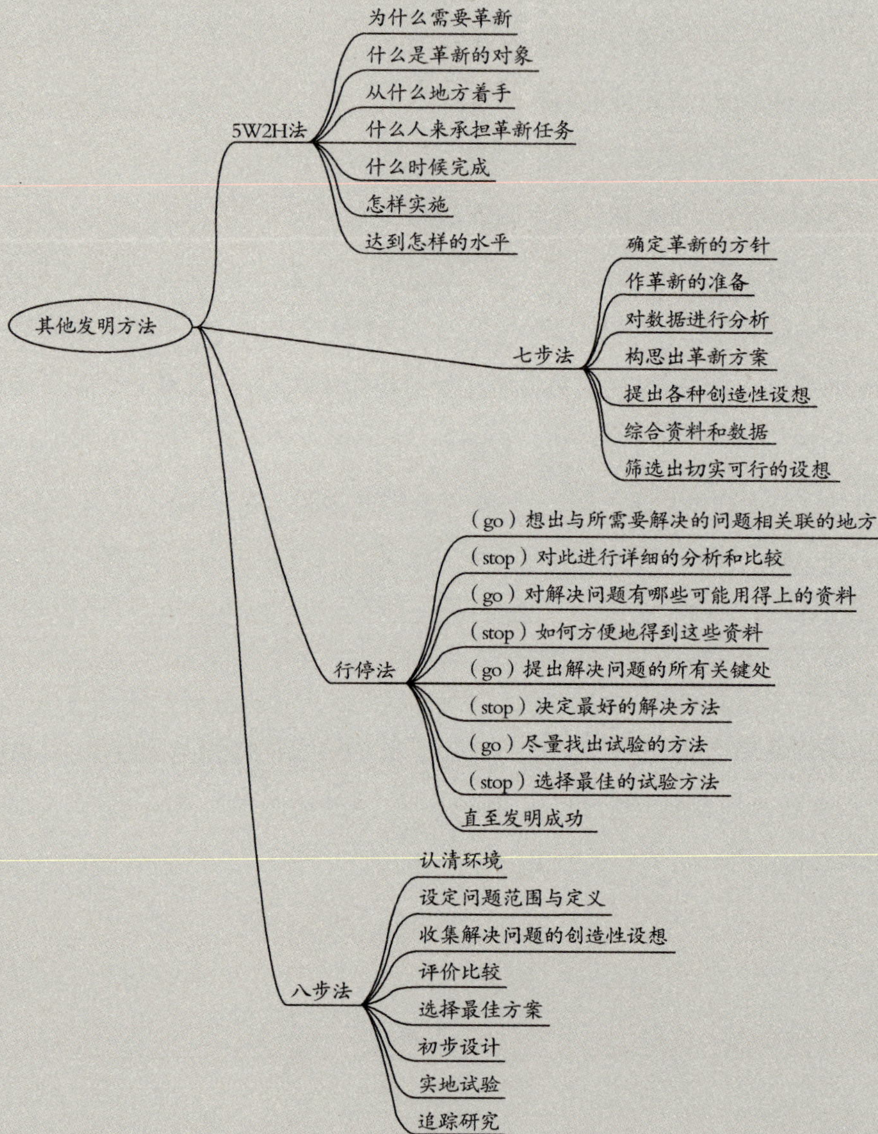

二、基础夯实

1. 我国著名教育家陶行知先生提出了____________法。他把这种提问模式叫作教人聪明的“____________”。

2. ________是美国著名的创造学家研究总结出来的一套设问方法。该方法通过__________——发散思维(提出创造性设想)与__________——收束思维(对创造性设想进行冷静的分析)的__________进行,逐步接近所需解决的问题。

创意项目表

姓　名		年级、班级	
创意名称			
项目内容描述及配图			

第十五章 头脑风暴法

第一节 基本概念

一、头脑风暴法之由来

头脑风暴法又称“智力激励法”“BS 法”“自由思考法”，是由美国创造学家奥斯本于 1939 年首次提出、1953 年正式发表的一种激发性思维的方法。此法经各国创造学研究者的实践和发展，至今已经形成了一个发明技法群，如奥斯本智力激励法、默写式智力激励法、卡片式智力激励法等。

头脑风暴法可分为直接头脑风暴法（通常简称为“头脑风暴法”）和质疑头脑风暴法（也称“反头脑风暴法”）。前者是指专家群体决策尽可能地激发创造性，产生尽可能多的设想的方法，后者则是对前者提出的设想、方案逐一质疑，分析其现实可行性的方法。

运用头脑风暴法组织针对某一主题的会议，营造自由愉快、畅所欲言的气氛，让所有参加者自由提出想法或点子，并以此相互启发、相互激励、引起联想、产生共振和连锁反应，从而可以诱发更多的创意及灵感。

二、激发机理

头脑风暴何以能激发创新思维？根据奥斯本本人及其他研究者的看法，主要有以下几点：

第一，联想反应。联想是产生新观念的基本过程。在集体讨论问题的过程中，每提出一个新的观念，都能引发他人的联想，相继产生一连串的新观念，产生连锁反应，形成新观念堆，为创造性地解决问题提供更多的可能性。

第二，热情感染。在不受任何限制的情况下，集体讨论问题能激发人的热情。人人自由发言、相互影响、相互感染，能形成热潮，突破固有观念的束缚，最大限度地发挥创造性的思维能力。

第三，竞争意识。在有竞争意识的情况下，人人争先恐后，竞相发言，不断地开动思维机器，力求有独到见解、新奇观念。心理学的原理告诉我们，人类有争强好胜的心理，在有竞争意识的情况下，人的心理活动效率可提高50%或更多。

第四，个人欲望。在集体讨论解决问题的过程中，个人的欲望自由，不受任何干扰和控制，这是非常重要的。头脑风暴法有一条原则，即不得批评仓促的发言，甚至不许有任何怀疑的表情、动作、神色。这就能使每个人畅所欲言，提出大量的新观念。

第二节　组织原则

为使与会者畅所欲言，互相启发和激励，达到较高效率，必须严格遵守下列原则：

一、延迟判断原则

会上禁止批评和评论，对别人提出的任何想法都不能批判、不得阻拦。即使自己认为是幼稚的、错误的，甚至是荒诞离奇的设想，亦不得予以驳斥；同时也不允许自谦，在心理上调动每一个与会者的积极性，彻底防止出现一些“扼杀性语句”和“自我扼杀语句”。诸如“这根本行不通”“你这想法太陈旧了”“这是不可能的”“这不符合某某定律”以及“我提一个不成熟的看法”“我有一个不一定行得通的想法”等语句，禁止在会议上出现。只有这样，与会者才可能在充分放松的心境下，在别人设想的激励下，集中全部精力开拓自己的思路。

思考问题的方法有以下几种：

(1)5M1E法，即人、机器、物料、方法、环境、测量，简称“人、机、料、法、环、测”。

(2)5W2H法，即What、Where、When、Who、Why、How、How much。

(3)奥斯本检查法(十二法则)：剔除、正与反、定数与变数、正常与例外、合并与分离、集中与分散、扩大与缩小、附加与削除、调换顺序、平等与直列、共同与差异、代替与满足。

二、数量产生质量原则

在智力激励法实施会上，只强制大家提设想，越多越好。会议以谋取设想的数量为目标，提倡自由发言、畅所欲言、任意思考；提倡自由奔放、随便思考、任意想象、尽量发挥，主意越新、越怪越好，因为它能启发人推导出好的观念。

三、鼓励借鉴原则

每个与会者都可以从他人的设想中激励自己，从中得到启示，或补充他人的设想，或将他人的若干设想综合起来提出新的设想等。

四、平等独立原则

与会人员一律平等，不论是该方面的专家、员工，还是其他领域的学者，以及该领域的外行，一律平等，不强调个人的成绩，各种设想，不论大小，甚至是最荒诞的设想，记录人员也要认真地将其完整地记录下来。主张独立思考，不允许私下交谈，以免干扰别人思维。

第三节　实施操作程序

一、头脑风暴法的 8 点要求

(1)要运用头脑风暴法，首先应有主题。

(2)主题应单一，不能同时有两个以上的主题混在一起。

(3)问题太大时，要细分成几个小问题。

(4)创造力要强，分析力亦要强，要有幽默感。

(5)头脑风暴要在 45～60 分钟内完成。

(6)主持人要把构思写在白板上，字体要清晰，以启发其他人的联想。

(7)在头脑风暴后，要对创意进行评价(会后评价)。

(8)评价创意时，要作分类处理，如可以立即实施的构思，须较长时间，加以研究或调查的构思，缺少实用性的构思。

二、头脑风暴法的流程

头脑风暴法可分为三个阶段，如图 15－1 所示。

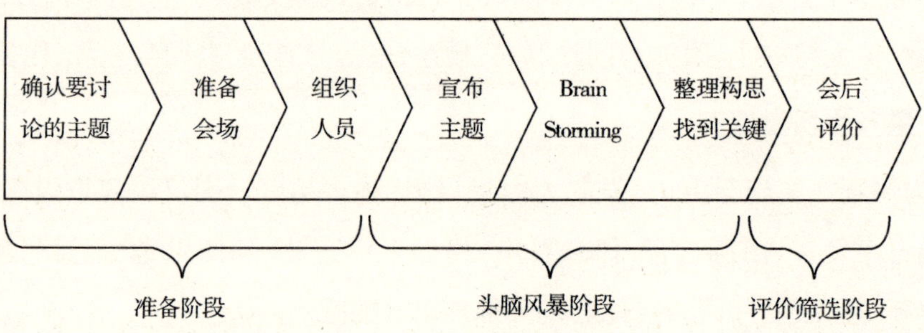

图 15－1　头脑风暴法的三个阶段

1. 准备阶段

(1)选定讨论的主题。

(2)选定参加者(一般不超过10名),其中记录员1名。

(3)确定会议时间和场所。

(4)通知与会者所要解决的问题、可供参考的资料和设想、需要达到的目标等事宜,让大家做好充分的准备。

(5)布置场所。

①将海报纸(大白纸)贴于白板上。

②座位的安排以“凹”字形为佳。

(6)会议主持人应掌握头脑风暴法的一切细节问题,彻底了解头脑风暴法的基本原理、原则、要求等。

注意:主题的选择要从平时悬而未决的问题着手,必须合乎参与者的能力层次和关心程度,以参与者一直期待解决的问题为最佳。事先公开主题的做法也是可行的,但与会者是否会围绕主题尽力去思考,组织者要考虑清楚。

主题必须单一并且明确,不该模棱两可、似是而非,大的主题必须细化,从接近参与者关心的主题开始。会议开始后,主持人应仔细阐述主题,以便参与者理解。

2. 头脑风暴阶段

(1)热身:主持人宣布会议开始后,先说明会议的规则,然后随便谈点有趣的话题或问题,让大家的思维处于轻松和活跃的境界。如果所提问题与会议主题有着某种联系,人们便会轻松自如地导入会议议题,效果自然更好。

(2)明确问题:主持人扼要地介绍有待解决的问题。介绍时须简洁、明确,不可过分周全,否则,过多的信息会限制人的思维,干扰思维创新的想象力。

(3)重新表述问题:经过一段时间的讨论后,大家对问题已经有了较深程度的理解。这时,为了使大家对问题的表述能够具有新角度、新思维,主持人或书记员要记录大家的发言,并对发言记录进行整理。通过记录的整理和归纳,找出富有创意的见解,以及具有启发性的表述,供下一步畅谈时参考。

(4)畅谈:畅谈是头脑风暴法的创意阶段。为了使大家能够畅所欲言,需要制定如下规则:第一,不要私下交谈,以免分散注意力。第二,不要妨碍他人发言,不去评论他人发言,每人只谈自己的想法。第三,发表见解时要简单明了,一次发言只谈一种见解。主持人首先要向大家宣布这些规则，随后引导大家自由发言，自由想象，自由发挥，使彼此相互启发，相互补充，真正做到知无不言，言无不尽，畅所欲言，然后将会议发言记录进行整理。

注意：

(1)为了让参加者的灵感相互激励，引发灵感的连锁反应，应督促参加者在规定时间(5分钟)内将自己的灵感写下来，并要求他们在各自发言前将内容整理清晰明了，以便记录员记录在白板上，进而让他人看后产生更多联想，激发更多灵感。

(2)主持人应懂得各种创造性思维和技法，会前要向与会者重申会议应严守的原则和纪律，要善于激发成员思考，使场面轻松活跃而又不失头脑风暴的规则；在参加者发言的气氛显得相当热烈时，可能会出现许多违背四大原则的现象，如哄笑别人意见、公开评论他人意见等情况，此时指导员(主持人)应当立即制止。

(3)可轮流发言，每轮每人简明扼要地说清楚1个创意设想，避免形成辩论会或出现发言不均的现象。

(4)主持人要以赏识激励的词句、语气和微笑点头的言行，鼓励与会者多提出设想。

(5)经常强调设想的数量，比如平均3分钟要发表10个设想。

(6)遇到人人皆才穷计短，出现暂时停滞时，可采取一些措施，如休息几分钟，自选休息方法，散步、唱歌、喝水等，再进行几轮头脑风暴。或发给每人一张与问题无关的图画，要求讲出从图画中所获得的灵感。

(7)根据主题和实际情况需要，引导大家掀起一次又一次头脑风暴的"激波"。若课题是某产品的进一步开发，可以从产品改进配方思考作为第一激波，从降低成本思考作为第二激波，从扩大销售思考作为第三激波等。又如，对某一问题解决方案的讨论，引导大家掀起"设想开发"的激波，及时抓住"拐点"，适时引导进入"设想论证"的激波。

(8)要掌握好时间，会议持续45~60分钟，形成的设想应不少于100种。但最好的设想往往是会议要结束时提出的，因此，预定结束的时间到了可以根据情况再延长5分钟，这是人们容易提出好的设想的时候。当在1分钟时间内再没有新主意、新观点出现时，头脑风暴会议可宣布结束或告一段落。

3. 评价筛选阶段

会议结束后的1~2天内，主持人应向与会者了解大家会后的新想法和新思路，以此补充会议记录。然后将大家的想法整理成若干方案，再根据公司形象(CI)设计的一般标准,诸如可识别性、创新性、可实施性等标准进行筛选。经过多次反复比较和优中择优,最后确定1～3个最佳方案。这些最佳方案往往是多种创意的优势组合,是大家的集体智慧综合作用的结果。

对记录进行分类整理时应该注意:

会议结束后应该对所作记录进行分类整理,并加以补充,然后交给有丰富经验和专业知识的专家组进行筛选。筛选应主要从可行性、应用效果、经济回报率、紧急性等多个角度进行,以选择最恰当的点子。

此外,由于用头脑风暴法产生出来的构想大部分都只是一种提示,很少是可以用来直接解决问题的,因此整理和完善构想这一步就显得相当重要。在整理、补充点子时,为了使构想更加具体化,也可继续使用头脑风暴法。

【案例1】 有一年,美国北方格外严寒,大雪纷飞,电线上积满冰雪,大跨度的电线常被积雪压断,严重影响通信。过去,许多人试图解决这一问题,但都未能如愿以偿。后来,电信公司经理应用奥斯本发明的头脑风暴法,尝试解决这一难题。他召开了一种能让头脑卷起风暴的座谈会,参加会议的是不同专业的技术人员,要求他们必须遵守以下原则:

第一,自由思考。即要求与会者尽可能地解放思想,无拘无束地思考问题并畅所欲言,不必顾虑自己的想法或说法是否离经叛道或荒唐可笑。

第二,延迟评判。即要求与会者在会上不要对他人的设想评头论足,不要发表"这主意好极了!""这种想法太离谱了!"之类的捧杀句或扼杀句。至于对设想的评判,留在会后组织专人考虑。

第三,以量求质。即鼓励与会者尽可能多而广地提出设想,以大量的设想来保证质量较高的设想的存在。

第四,结合改善。即鼓励与会者积极进行智力互补,在增加自己提出的设想的同时,注意思考如何把两个或更多的设想结合成另一个更完善的设想。

按照这种会议规则,大家七嘴八舌地议论开来。有人提出设计一种专用的电线清雪机;有人想到用电热来化解冰雪;也有人建议用振荡技术来清除积雪;还有人提出能否带上几把大扫帚,乘坐直升机去扫电线上的积雪。对于这种坐飞机扫雪的设想,大家心里尽管觉得滑稽可笑,但在会上也无人提出批评。相反,有一个工程师在百思不得其解时,听到用飞机扫雪的想法后,大脑突然受到冲击,一种简单可行且高效率的清雪方法冒了出来。他想，每当大雪过后，出动直升机沿积雪严重的电线飞行，依靠高速旋转的螺旋桨即可将电线上的积雪迅速扇落。他马上提出用直升机扇雪的新设想，顿时又引起其他与会者的联想，有关用飞机除雪的主意一下子又多了7～8条。不到1小时，与会的10名技术人员共提出90多条新设想。

会后，公司组织专家对设想进行分类论证。专家们认为，设计专用清雪机，采用电热或电磁振荡等方法清除电线上的积雪，在技术上虽然可行，但研制费用大，周期长，一时难以见效。那种因坐飞机扫雪激发出来的几种设想，倒是一种大胆的新方案，如果可行，将是一种既简单又高效的好办法。经过现场试验，发现用直升机扇雪真能奏效，一个久悬未决的难题，终于在头脑风暴会中得到了巧妙的解决。

【案例2】 问题情境：球掉进洞里怎么办？要求：每人想一个办法，但不能重复。如果想不出新办法，说一下别的小朋友的办法在什么情况下行不通，也算通过。

幼儿1：用火钳。（点评：如果洞很浅，用火钳就能夹出来，倒是一个省事的好办法。何必要灌水，还得找桶、找水，一桶还不一定就行）

幼儿2：洞很深怎么办？（点评：是的，如果洞很深，火钳就不管用了，算通过）

幼儿3：用长棍子掏。（点评：如果洞是横的、直的，用长棍子当然可以）

幼儿4：如果洞是弯弯曲曲的呢？（点评：这时长棍子就不行了）

幼儿5：用吸尘器。（点评：这可能是看了《米老鼠和唐老鸭》动画片，唐老鸭一按按钮，就用吸尘器把米老鼠从洞里吸出来了）

幼儿6：如果不是小乒乓球，是大皮球，吸尘器吸不动怎么办？（点评：那就得想更聪明的办法了）

幼儿7：往洞里灌水，球就浮上来了。（点评：又一个文彦博！——妈妈肯定给他讲过这个故事）

幼儿8：如果洞漏水怎么办?!（点评：太棒了！是的，洞是有可能漏水的呀！突破了传统思维方式）

幼儿9：球不要了，让妈妈再买一个！（点评：能把握活动的最终目标，有创意！）

【案例3】 问题情境：有一天，小白兔过1岁生日，它给许多朋友发了请柬。兔妈妈从树林里采蘑菇回来了，问小白兔："你给哪些朋友发了请柬"？小白兔说："我给小猴、小花猫、小花狗、小松鼠、大灰狼发了请柬。""什么？你给大灰狼也发了请柬，请柬上写了什么内容?"兔妈妈很吃惊。"咱们家的地址呀!"小白兔回答。"要是大灰狼按照地址找到咱们家，那就不得了啦！”兔妈妈很着急。话音刚落，突然，“咚！咚！咚！”，传来了敲门声——是大灰狼！怎么办？要求：每人为小白兔想一个办法，但不能重复。如果想不出新办法，说一下别的小朋友的办法在什么情况下行不通，也算通过。

幼儿1：我拿一根大棒槌躲在门后面，只要大灰狼露出头，我就举起棒槌把大灰狼打昏过去。（点评：这是最简单易行的办法）

幼儿2：我躲在门后面，等它伸出尾巴的时候，我就举起斧子把它的尾巴给砍断。（点评：能想象出使用锋利的工具直接砍断大灰狼的尾巴，是一个办法）

幼儿3：我在屋子里挖一个陷阱，门一开，大灰狼一踩就掉进去了。（点评：应用已有的间接经验，把听到的猎人抓捕动物的方法——挖陷阱与抓捕大灰狼联系起来，是一个办法）

幼儿4：挖陷阱来不及了，大灰狼已经快把门撞开了！（点评：幼儿3的办法在紧急情况下行不通，也算通过）

幼儿5：我把门打开，给大灰狼敬酒——我的生日酒。但是，酒里有毒药。（点评：这是急中生智的好办法！这是看了《西游记》，唐僧师徒几人被妖怪毒倒而受到的启发）

幼儿6：我让小鸟请大象伯伯来，大象伯伯鼻子长、力气大，把大灰狼用鼻子卷起来扔到河里，把它淹死！（点评：能利用力量强弱的对比，请比大灰狼体格强大的动物来制服大灰狼，是一个办法）

幼儿7：我给猎人发请柬，猎人有枪，用枪把大灰狼打死。（点评：好！突破了仅给小动物发请柬的思维定势）

幼儿8：如果猎人忘了带子弹了，那怎么办啊？（点评：很棒！对呀，猎人是来参加生日会的，有可能未带子弹，运用了求异思维）

幼儿9：打110——找警察！（点评：将人类社会生活的常识运用到解决动物世界的冲突中，有创意）

第四节　头脑风暴法的变式

一、角色风暴法

角色风暴法为格立格于1985年所创。他认为，由于多数的参与者不能完全地开放心胸，畅所欲言，所以在使用头脑风暴法之后，可以另加角色风暴法，增加一些别开生面的主意。该法的实施步骤如下：

(1)用传统的头脑风暴法产生 20～30 个创意。

(2)每人默默地选一个角色来扮演。所选角色必须是所服务机构之外的人物，如顾客、检查员、对手、敌人等。

(3)基于所选人物的态度、喜好、利害关系与应有的意见等替他发言。发言时可用以下各种起头语："我的人会……""我的人会喜欢……"等。

(4)离开所扮演的角色，使在第三步中所产生的不适合所扮演角色的主意有机会在这一阶段说出来。

(5)评价并选择可行的主意。

二、A. D. 里透法——以抽象主题寻求卓越设想

A. D. 里透法又称"戈登法"，是戈登在美国马萨诸塞州剑桥市的 A. D. 里透公司设计开发部工作期间发明的。

1. 会前准备

首先，确定会议的主持人，主持人要有丰富的想像力和敏锐的洞察力。

其次，确定参加人数和参加人员，以 5～12 人为佳，尽量为不同专业的，有科学家与艺术家效果会更好。

最后，确定会议地点，地点宜选在安静舒适的房间。准备好记录用纸和黑板。

2. 主持人决定主题(议题)

认真地分析实质问题，概括出该事物的功能作为主题，这必须在肯定"揭示实质问题，而能更广泛地提出设想"的情况下进行。例如，实质问题分别为罐头起子、城市停车场、新型牙刷、割草时，相应的戈登主题分别为"开启"储藏""去污垢""分离"。

3. 召开会议

主题确定后，主持人召开会议，让参加者自由发表意见。当与实质性问题有关的设想出现时，要将其马上抓住，使问题向纵深发展，并给予适当启发，同时指出方向，使会议继续下去。在最佳设想似乎已出现，时间又接近终点时，要使实质问题明朗化，然后会议结束。

该技法最适于新产品开发，并且在开发与过去完全不同的产品时也很有效。该法也适用于拘泥于常识性的献计献策会议上以及销售领域中。

三、默写式智力激励法

默写式智力激励法又称"'635'法"。它是由德国学者鲁尔巴赫根据德意志民族善于沉思的性格,以及数人争着发言易使点子遗漏的缺点,对奥斯本头脑风暴法进行改造,创立的用书面形式畅述的方法。

具体操作方法如下:

召开由 6 人参加的会议,主持人在会上阐明议题,发给与会者每人 3 张卡片。在第一个 5 分钟内,每人针对议题在 3 张卡片上各写上一个点子,然后传给右邻;自第二个 5 分钟内,每人从传来的卡片上得到启发,再在 3 张卡片上各写出一个点子,之后再传给右邻。这样继续下去,经过半小时可传递 6 次,共得 $6\times3\times6=108$ 个点子。由于这种方法是 6 人参加,每人 3 张卡片,每次 5 分钟,因此得名“635”法。

四、卡片式智力激励法

卡片式智力激励法又称“CBS 法”,由日本创造开发研究所所长高桥诚创立。其特点是可以对每个人提出的设想进行质询和评价。

具体操作方法如下:

召开由 3~8 人参加的会议,会前宣布发明课题,会议时间为 1 小时。会上发给每人 50 张卡片,桌上放 200 张卡片备用。在前 10 分钟内,与会者独自在卡片上填写设想,每张卡片上填写一个设想。接着用 30 分钟,每位与会者按座次轮流宣读自己的设想,一次只能介绍一张卡片(宣读时将卡片放在桌子中央,让大家能看清楚)。然后其他与会者即可质询,也可将受启发所得的新设想填入备用卡片。最后 20 分钟,大家可以相互评价和探讨各自的设想,以便从中诱发出新设想。

五、KJ 法

KJ 法是由日本的川田喜发明确立的,其特点是在流程中可以统计数量,量化不同的主意,易于进行归纳总结。

操作程序如下:

(1)确定会议主持人和与会人员,准备白板、不同颜色的报事贴、马克笔、墨水笔。

(2)召开会议,宣布议题,展开讨论,让大家畅所欲言,将各个需讨论的主题依次简要地以标题法写在白板上,下面留空。

(3)每个人在不同的主题上思考,将每一个主意写在一张报事贴上,不同的主题可以用不同颜色的报事贴以示区别。

(4)每人将自己的主意在组内宣读,并按主题不同,粘贴在白板上,内容无法归类的可另放一旁待处理。

(5)全部人员完成后,可以将内容相近的主题再归入一大组中,然后从中提炼出有创意的核心思想,进行合并。

(6)按照分类学原则,从大组到小组的顺序,将报事贴固定重新排列在白板上。这种图解形式有助于人们启发思考,举一反三。

(7)对获得的分组图解形成文字说明与规律性总结。

(8)此时可以使用普通的头脑风暴法,进行再一次的口头的主意表达。这时可以基于前面的讨论分析,从中获得新的启示,发现新的创意。

(9)从主意分组到归纳再到文字说明的过程可以经过多次反复,以求从中获得新的发现,直到形成令人满意的创意为止。

头脑风暴法学案

一、思维导图

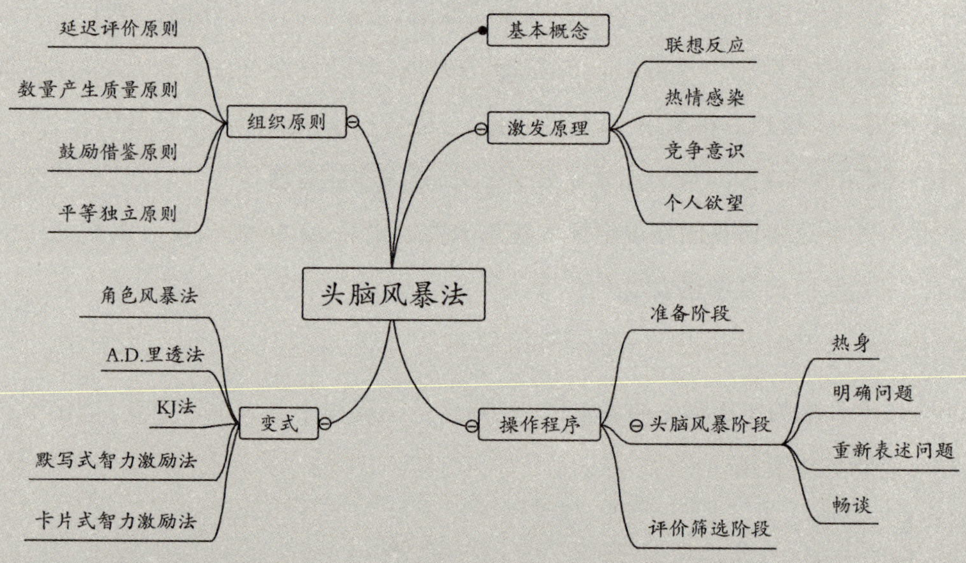

二、思维训练

学校集体宿舍内部空气流通差,夏季气味难闻,有时蚊蝇比较多,通过头脑风暴法找到解决问题的办法,同时将最终的解决方案写在下面的创意表中。

创意项目表

<table>
<tr><td>姓　名</td><td></td><td>年级、班级</td><td></td></tr>
<tr><td>创意名称</td><td colspan="3"></td></tr>
<tr><td colspan="4">项目内容描述及配图</td></tr>
<tr><td colspan="4"></td></tr>
</table>

第十六章　专利申请

第一节　专利概述

一、什么是专利、专利权

1. 专利

专利是由政府机关或者代表政府机关、代表若干国家的地区性机构根据申请所颁发的一种文件。这种文件记载了发明创造的内容，并且在一定的时期内产生这样一种法律状态，即获得专利的发明创造在一般情况下只有经专利权人的许可才能予以实施。

2. 专利权

专利权是由政府（含政府间组织）授予的，在一定期间内、在本国或本地区范围内对其发明创造所拥有的排他性权利。

二、专利权的特点

（1）无形性（与有形资产一样，可转让）。

（2）时间性（发明专利为20年，实用新型、外观设计专利为10年）、地域性（在本国或本地区范围内有效）。

（3）排他性（独占性）。

（4）公开性（公开换保护）。

三、专利的类型

1. 发明专利

发明是指对产品、方法或者其改进所提出的新的技术方案。

2. 实用新型专利

实用新型是指对产品的形状、构造或者其结合所提出的适于实用的新的技术方案。

3. 外观设计专利

外观设计是指对产品的形状、图案或者其结合以及色彩与形状、图案的结合所作出的富有美感并适于工业应用的新设计。

四、不授予专利权的主题

1.《中华人民共和国专利法》第五条的规定：

对违反法律、社会公德或者妨害公共利益的发明创造，不授予专利权。

对违反法律、行政法规的规定获取或者利用遗传资源，并依赖该遗传资源完成的发明创造，不授予专利权。

违反法律举例：用于赌博的设备、机器或工具，吸毒的工具，伪造国家货币、票据、公文、证件、印章的设备等。

违反社会公德举例：带有暴力凶杀图片的器具，克隆的人或克隆人的方法，人类胚胎的工业应用，改变人生殖系统遗传同一性的方法等。

妨害公共利益举例：致人伤残或损害财物，严重污染环境、破坏生态平衡，涉及国家重大政治事件或宗教信仰，伤害人民感情或民族感情，宣传封建迷信等。

2.《中华人民共和国专利法》第二十五条的规定

对下列各项，不授予专利权：

(1)科学发现：对自然界中客观存在的物质、现象、变化过程及其特性和规律的认识。例如，空气流动产生风，自然界中存在铁元素以及其氧化后会生锈。

(2)智力活动的规则和方法：指人的思维运动，经过推理、分析和判断产生出的抽象结果，或者以人的思维运动作为媒介，间接地作用于自然产生的结果。例如，程序、棋牌规则、交通规则。

(3)疾病的诊断和治疗方法：指以有生命的人体或动物体为直接实施对象，进行识别、确定或消除病因或病灶的过程。

注意：诊断和治疗中的仪器或装置，使用的物质或材料可以被授权。

(4)动物和植物品种：所述动物是指不能自己合成，只能靠摄取自然界中的碳水化合物及蛋白质来维系生命的生物(不包括人)。所述植物是指可以借助光合作用，以水、二氧化碳和无机盐等无机物和成碳水化合物、蛋白质来维系生命，通常不发生移动的生物。

(5)原子核变换方法及该方法获得的物质:指一个或几个原子核经分裂或者聚合形成一个或多个新原子核的过程。

(6)对平面印刷品的图案、色彩或者二者的结合作出的主要起标识作用的设计。

第二节　专利申请流程

一、申请前的准备工作

1. 申请的一般原则

(1)书面请求原则。

(2)先申请原则:两个以上的申请人分别就同样的发明创造申请专利的,专利权授予最先申请的人。

(3)优先权请求原则:

①国外优先权:申请人自发明或者实用新型在外国第一次提出专利申请之日起12个月内,或者自外观设计在外国第一次提出专利申请之日起6个月内,又在中国就相同主题提出专利申请的,依照该外国同中国签订的协议或者共同参加的国际条约,或者依照相互承认优先权的原则,可以享有优先权。

②国内优先权:申请人自发明或者实用新型在中国第一次提出专利申请之日起12个月内,又向国务院专利行政部门就相同主题提出专利申请的,可以享有优先权。

(4)单一性原则:

①一件发明或者实用新型专利申请应当限于一项发明或者实用新型。属于一个总的发明构思的两项以上的发明或者实用新型,可以作为一件申请提出。

②一件外观设计专利申请应当限于一项外观设计。同一产品的两项以上的相似外观设计,或者用于同一类别并且成套出售或者使用的产品的两项以上的外观设计,可以作为一件申请提出。

2. 专利申请的筹划

(1)判断是否具有专利性。

①新颖性:是指该发明或者实用新型不属于现有技术,也没有任何单位或者个人就同样的发明或者实用新型在申请日以前向国务院专利行政部门提出过申请,并记载在申

请日以后公布的专利申请文件或者公告的专利文件中。

②创造性：是指与现有技术相比，该发明具有突出的实质性特点和显著的进步，该实用新型具有实质性特点和进步。

③实用性：是指该发明或者实用新型能够制造或者使用，并且能够产生积极效果。

(2)专利申请的实际操作要点：市场预测，考虑发明是否具有市场需求；考虑发明内容是否易于被仿造、需求量大；考虑发明内容是否易于以(商业)技术秘密的方法获得保护，是否具备这样的保密措施；确定对发明的保护形式。

(3)确定申请专利的类型。

(4)专利申请前的检索。

(5)申请文件的准备及撰写：申请文件包括请求书、说明书、权利要求书、说明书摘要、说明书附图、摘要附图等。

(6)费用缴纳方式及减缓请求：

①一项发明创造从提出专利申请开始至专利权终止，必须在规定时间内向国务院行政部门(即国家知识产权局)缴纳各种相关费用。

费用种类——申请费、公布印刷费、实质审查费、申请维持费、年费、著录项目变更费、实用新型检索报告费等。

缴费方式——面交、邮寄、银行汇付。

②对于低收入或无收入人群可以申请费用减缓请求。

费用减缓种类——申请费、实质审查费、维持费、复审费及专利授权后三年的年费。

减缓比例——申请费(非职务发明为85%、职务发明为70%)、维持费(非职务发明为80%、职务发明为60%)

二、专利申请审批流程

专利申请审批流程如图16-1所示，其中发明专利申请流程如图16-2所示，实用新型、外观设计专利申请流程如图16-3所示。

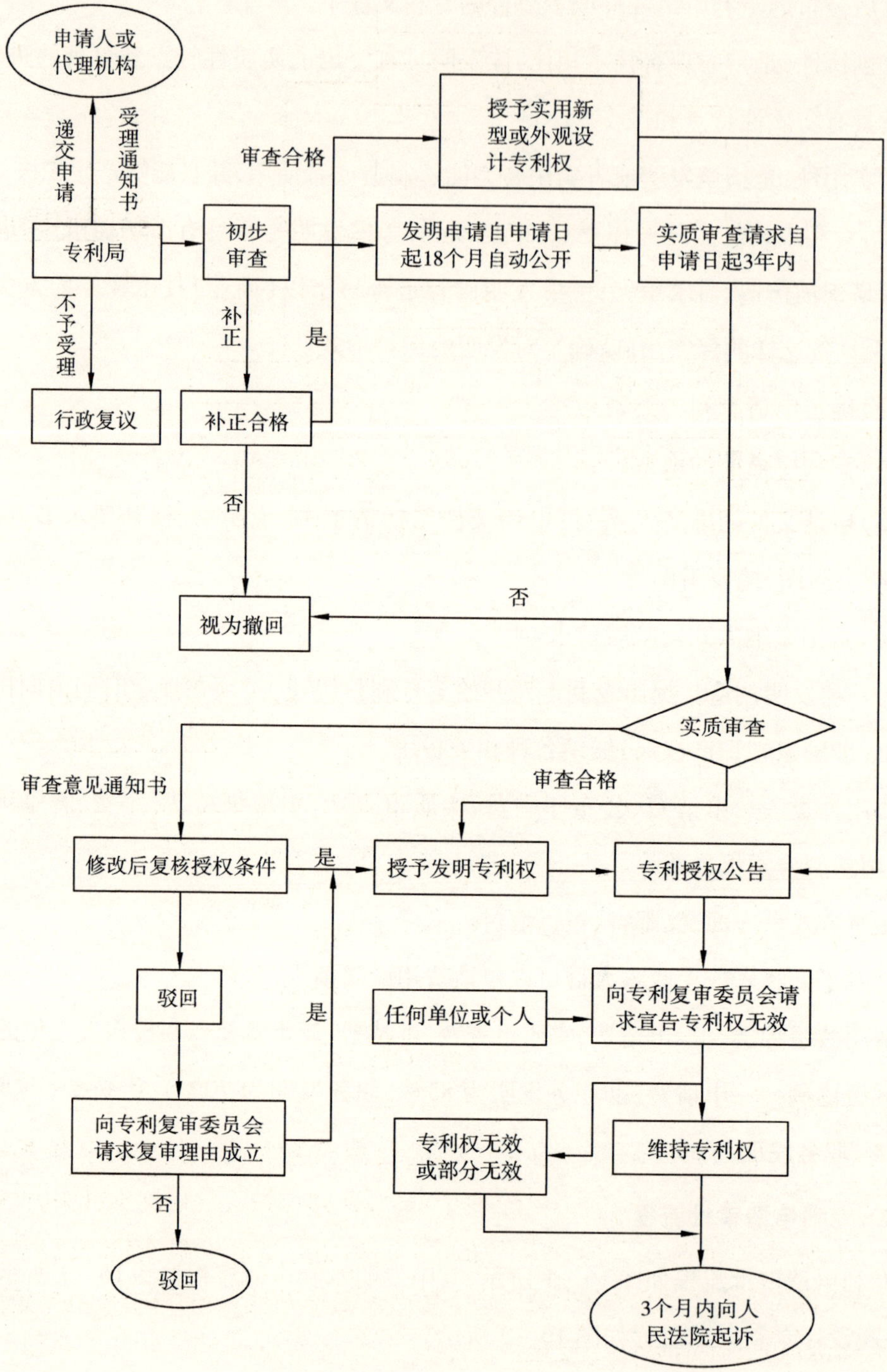

图 16－1　专利申请审批流程

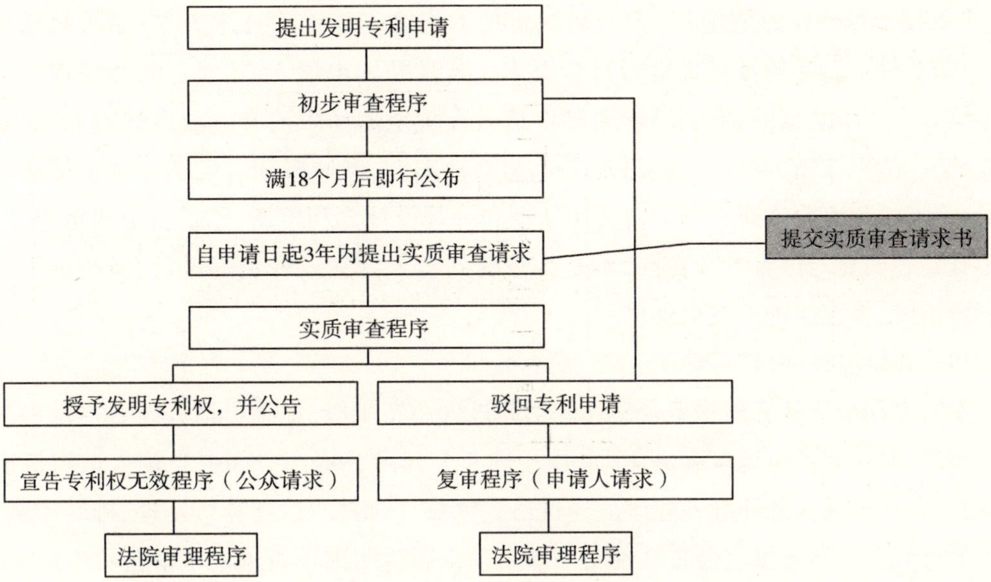

图 16－2　发明专利申请流程

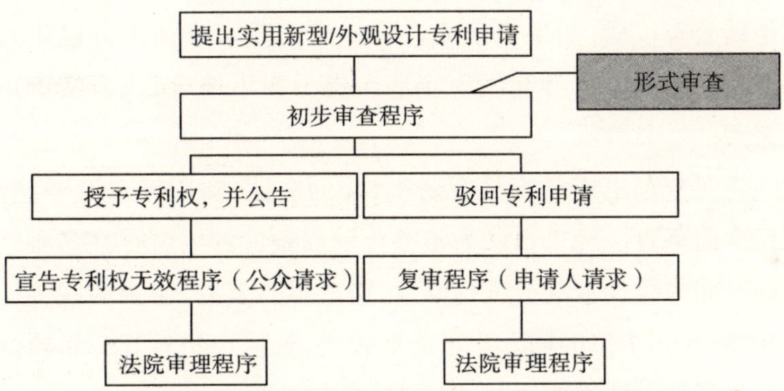

图 16－3　实用新型、外观设计专利申请流程

1. 受理阶段

专利局收到专利申请后进行审查，如果符合受理条件，专利局将确定申请日，给予申请号，并且核实过文件清单后，发出受理通知书，通知申请人。申请文件未打字、印刷或字迹不清、有涂改的，附图及图片未用绘图工具和黑色墨水绘制、照片模糊不清有涂改的，申请文件不齐备的，请求书中缺申请人姓名或名称及地址不详的，专利申请类别不明确或无法确定的专利申请不予受理。

2. 初步审查阶段

经受理后的专利申请按照规定缴纳申请费的，自动进入初审阶段。初审前发明专利申请首先要进行保密审查，需要保密的，按保密程序处理。

在初审时，要对申请是否存在明显缺陷进行审查，主要包括审查内容是否属于《专利法》中不授予专利权的范围，是否明显缺乏技术内容不能构成技术方案，是否缺乏单一性，申请文件是否齐备及格式是否符合要求。若是外国申请人，还要进行资格审查及申请手续审查。不合格的，专利局将通知申请人在规定的期限内补正或陈述意见，逾期不答复的，申请将被视为撤回。经答复仍未消除缺陷的，予以驳回。发明专利申请初审合格的，将发给初审合格通知书。对实用新型和外观设计专利申请，除进行上述审查外，还要审查是否明显与已有专利相同，不是一个新的技术方案或者新的设计，经初审未发现驳回理由的，将直接进入授权秩序。

3. 公布阶段

发明专利申请从发出初审合格通知书起进入公布阶段，如果申请人没有提出提前公开的请求，要等到自申请日起满 15 个月才进入公开准备程序。如果申请人请求提前公开，则申请立即进入公开准备程序。经过格式复核、编辑校对、计算机处理、排版印刷，大约 3 个月后在专利公报上公布其说明书摘要并出版说明书单行本。申请公布以后，申请人就获得了临时保护的权利。

4. 实质审查阶段

发明专利申请公布以后，如果申请人已经提出实质审查请求并已生效的，申请进入实审程序。如果申请人从申请日起满 3 年还未提出实审请求，或者实审请求未生效的，申请既被视为撤回。

在实审期间将对专利申请是否具有新颖性、创造性、实用性以及专利法规定的其他实质性条件进行全面审查。经审查认为不符合授权条件的或者存在各种缺陷的，将通知申请人在规定的时间内陈述意见或进行修改，逾期不答复的，申请被视为撤回，经多次答复申请仍不符合要求的，予以驳回。实审周期较长，若从申请日起 2 年内尚未授权，从第三年开始应当每年缴纳申请维持费，逾期不缴的，申请将被视为撤回。

实质审查中未发现驳回理由的，将按规定进入授权程序。

5. 授权阶段

实用新型和外观设计专利申请经初步审查以及发明专利申请经实质审查未发现驳回理由的，由审查员作出授权通知，申请进入授权登记准备，经对授权文本的法律效力和完整性进行复核，对专利申请的著录项目进行校对、修改后，专利局发出授权通知书和办理登记手续通知书，申请人接到通知书后应当在 2 个月之内按照通知的要求办理登记手续并缴纳规定的费用。按期办理登记手续的，专利局将授予专利权，颁发专利证书，在专利登记簿上记录，并在 2 个月后于专利公报上公告；未按规定办理登记手续的，视为放弃取得专利权的权利。

6. 复审阶段

专利复审程序是专利申请被驳回时，给予申请人的一条救济途径。根据《专利法》第四十一条的规定,专利复审委员会对复审请求进行受理和审查,并作出决定。复审请求案件包括对初步审查和实质审查程序中驳回专利申请的决定不服而请求专利复审的案件。只有专利申请人才有权启动专利复审程序,而且必须在接到驳回通知3个月内向国家知识产权局专利复审委员会提出。

7. 专利无效

在企业的专利申请和专利运用中,专利无效是被企业、单位运用得最多的一个专利法规之一(应该仅次于专利的申请)。专利无效已成为专利诉讼中的必要手段和技巧。

专利权宣告无效的法律后果是被宣告无效的专利权视为自始即不存在。对专利复审委员会宣告专利权无效或者维持专利权的决定不服的,可以自收到通知之日起3个月内向人民法院起诉。

宣告专利权无效的决定,对在宣告专利权无效以前人民法院作出并已经执行的专利侵权的判决、裁定,已经履行或强制执行的专利侵权纠纷处理决定,以及已经履行的专利实施许可合同和专利权转让合同,不具有追溯力。但是因专利权人的恶意给他人造成的损失,应当给予赔偿。

如果按照上述规定,专利权人或专利权转让人不向被许可人或专利权受让人返还专利使用费或专利权转让费,明显违反公平原则,专利权人或专利权转让人应当向被许可人或专利权受让人返还全部或部分专利使用费或专利权转让费。

由此可以看出,宣告专利权无效的法律后果是相当严重的。对于专利申请人来讲,务必要做好申请专利的前期工作,比如专利文献的查询、查新、市场调查等。

三、专利申请时间

从专利局受理申请文件到批准获权拿证:

(1)发明专利:2~3年(加快为2年),提交申请的同时也提交发明专利申请实质审查请求。

(2)实用新型专利:8~10个月(加快为6~8个月)。

(3)外观设计专利:6~8个月(加快为4~6个月)。

第三节　专利权人的权利和义务

一、专利权人的权利

1. 基本权利

独占权:任何单位或个人未经专利权人许可,都不得实施其专利。

(1)产品专利:不得为生产经营目的制造、使用、许诺销售、销售、进口他人专利产品。

(2)方法专利:不得为生产经营目的使用他人专利方法以及使用、许诺销售、销售、进口依照该方法直接获得的产品。

(3)外观设计专利:不得为生产经营目的制造、许诺销售、销售、进口他人外观设计产品。

2. 附属权利

(1)转让权。

(2)许可权。

(3)标注权。

(4)放弃权。

(5)质押权。

二、专利权人的义务

(1)充分公开其发明内容。

(2)缴纳年费。

(3)实施与传播专利技术。

(4)不得滥用专利权。

第四节　专利文献的获取

一、专利文献的特点

1. 反映新的科技信息

多个专利权威机构的调查表明,一般80%以上的专利不会再以其他形式(论文、会议等)发表。

2. 内容详尽、实用性强

作为获取专利权的条件,专利制度要求发明人必须以说明书的方式公布技术内容、细节。因此,一份专利(申请)的说明书就是一份实用、详尽的技术方案。

3. 数量巨大、内容广博

二、专利文献的利用

1. 科研机构对专利文献的利用

世界知识产权组织(WIPO)的统计表明:若能运用好专利文献,则能节约40%的科研开发经费,同时可以少花60%的研究开发时间。

2. 工业企业对专利文献的利用

改进现在的产品，提高产品质量，改造生产设备，革新生产工艺，了解技术发展趋势、市场动向，制定企业经济战略。

3. 大专院校对专利文献的利用

目前，大专院校的教学和科研越来越紧密地服务于国民经济建设这一总任务，学校与企业的联系日益加强，科研的产出与专利文献的利用关系很大。

三、专利文献检索概述

（1）专利文献检索是一项复杂的工作，是由多种因素构成的，如检索目的、检索方式、检索系统、检索范围、检索入口以及检索经验等。这些因素共同制约着专利检索的过程，并影响专利检索的效果。

（2）专利文献检索是通过一定的检索入口，从一定的信息库中查找与一定的技术主题有关的专利文献或非专利文献的过程。

四、专利文献检索方法

专利文献检索的分类如图 16－4 所示。

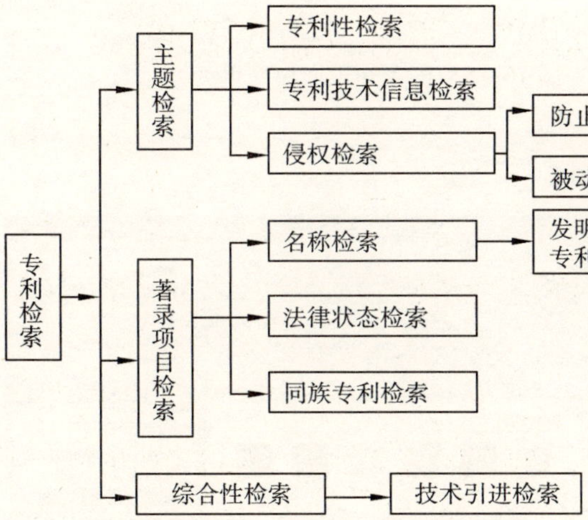

图 16－4　专利文献检索的分类

专利文献检索的一般步骤如下：

（1）分析检索主题。

（2）确定关键词。

（3）选择专利分类号（查找分类表）。

（4）选择检索系统，确定检索方式，进行初步检索。

(5)记录检索结果。

(6)可根据找到的专利文献进行扩大检索。

五、国内主要专利文献检索网站

国内主要通过国家知识产权局网站(http://www.cnipa.gov.cn)进行专利文献检索。主界面及专利检索界面分别如图16-5、图16-6所示。

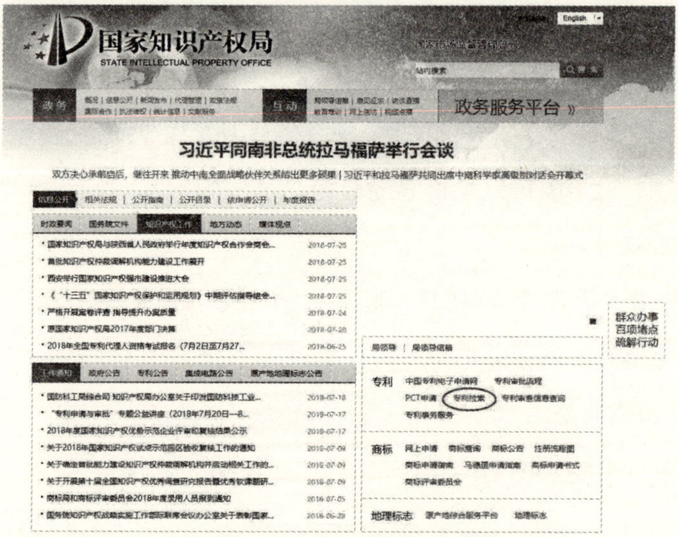

图16-5　国家知识产权局主页

图16-6　专利检索界面

专利申请学案

一、思维导图

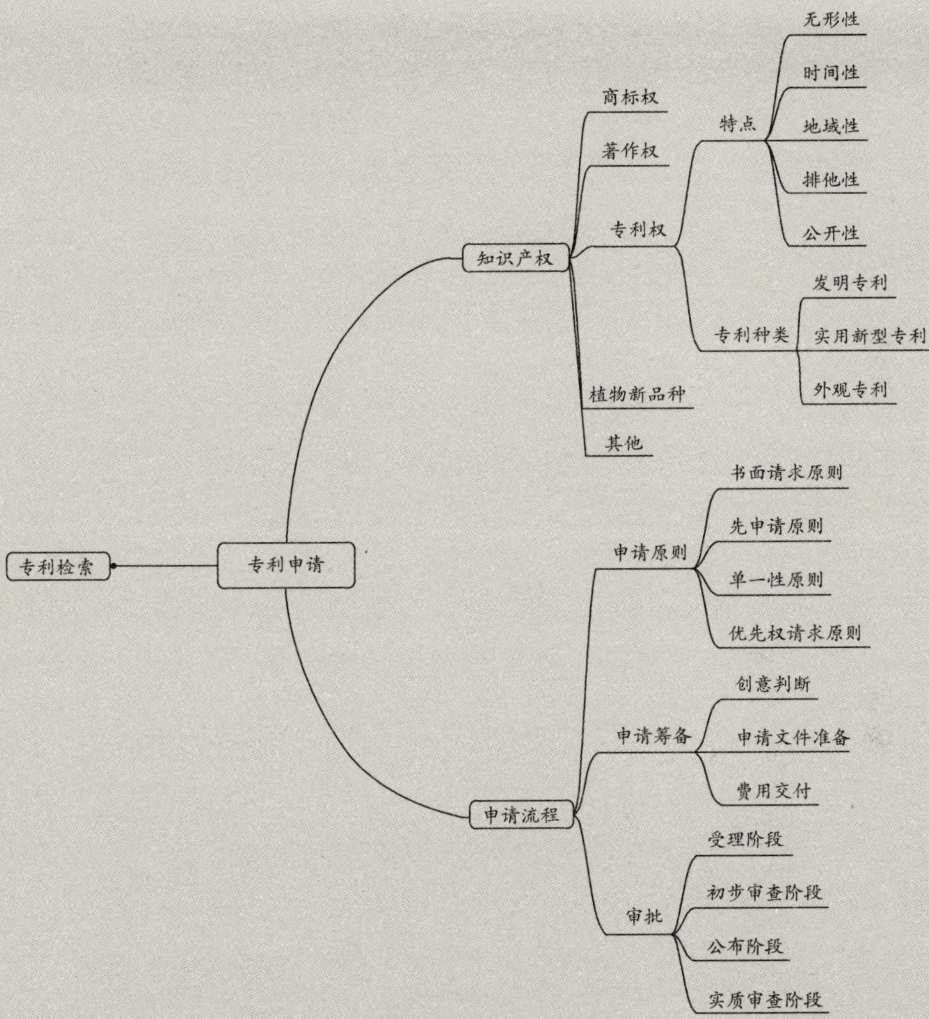

二、思维训练

1. 通过检索，大家判断上一章经过头脑风暴酝酿的宿舍通风、杀菌、除异味、除蚊蝇装置是否可以申请专利。如何来准备这些专利文档？

2. 个人对日常提交的创意进行检索，查看是否可以申请专利？

创意项目表

<table>
<tr><td>姓　名</td><td></td><td>年级、班级</td><td></td></tr>
<tr><td>创意名称</td><td colspan="3"></td></tr>
<tr><td colspan="4">项目内容描述及配图</td></tr>
<tr><td colspan="4"></td></tr>
</table>